本書係「敦煌文獻系統性保護整理出版工程」項目成果

二〇二一—二〇三五年國家古籍工作規劃重點出版項目

「十四五」國家重點出版物出版規劃項目

國家古籍整理出版專項經費資助項目

中國國家圖書館藏敦煌文獻

中國國家圖書館 編

第五四册

BD00809～BD00822

國家圖書館出版社

DUNHUANG MANUSCRIPTS IN THE NATIONAL LIBRARY OF CHINA

054

BD00809 ~ BD00822

compiled by the

National Library of China

National Library of China Publishing House

顧問 方廣錩 郝春文 榮新江 李際寧

編纂出版 張志清 魏　崇 陳紅彦 殷夢霞 薩仁高娃
謝冬榮 劉　波 林世田 廖生訓

編纂 林世田 薩仁高娃 常蓋心 于　瑞 劉毅超
烏心怡 劉　波 劉炳梅 周升川 劉　婷
程佳羽 沈艷麗 高　雅

編輯 潘　竹 程魯潔 黃　鑫 苗文葉

審稿 孫　彦 耿素麗 宋志英 鄧詠秋

凡例

一　本書刊布中國國家圖書館藏敦煌文獻，以館藏編號爲序編排。

二　館藏編號采用「BD+流水號」格式，如BD00001, BD16579等。背面在編號後加v表示。一個編號包含多件文獻者，編號後分別綴以字母A, B, C等。一件文獻含有多個內容者，以數字-1, -2, -3等標明順序。

三　圖版有縮印或放大處另加說明，尺寸超出本書幅面的以摺葉形式呈現。

四　卷軸裝、梵夾裝、經摺裝等裝幀形制的敦煌文獻，各附外觀圖像。

五　每件文獻依次呈現外觀、正面、背面等。背面僅刊布有文字、圖像或其他要素的圖版，而略去素紙部分，背面圖版同樣以從右到左順序編排。凡有外題者，遵從以上原則。

六　除個別特殊情況外，爲保證閱讀連貫、流暢，圖版儘量通欄呈現。

七　各葉上方附該件文獻全圖，以高亮形式顯示本葉大圖在全卷中的位置。部分長卷文獻全圖衹能分多段呈現時，在上段末以⊲符標示下段接續。卷尾內容不足一葉時，文獻全圖使用該圖卷尾部分，亦以⊲符標示。背面圖版文字與正面文字方向相反時，文獻全圖按原貌顯示，正文翻轉呈現，以便閱讀研究，用↻符標示。

八　文獻題名大體沿用中國國家圖書館此前所編多部敦煌文獻目録的考證，部分吸收學界最新研究成果略作調整和完善。文獻題名綜合參考原卷首題、尾題、外題確定，如原卷題名與該文獻正式名稱不同，則采用正式名稱；無題名者，或比定題名，或擬定新名。非漢文文獻在題名前標注語種。有分卷不同等其他情況者，括注於文獻名稱後。

九　本書著録使用通行繁體字，涉及原文中的人名、地名等，必要時保留原字形。

About this publication

1. The documents are presented in shelfmark order.
2. The shelfmarks are in the form BD plus a running number, eg. BD00001, BD16579, &c. If a given shelfmark contains multiple documents, these are distinguished by the letters A, B, C, &c. If a document has multiple contents, they are distinguished by the numbering 1, 2, 3, &c. The verso side of an item is indicated by the letter v.
3. If it has been necessary to reduce or enlarge the size of an illustration, the dimensions are indicated. If the size of an illustration exceeds the size of the book, a folding sheet is used.
4. If the document is a scroll, a folded sutra, or has a stitched binding, a picture of the whole object is provided to show its external appearance.
5. The cover, front, and back of each document are reproduced in sequence. The back of a document is only reproduced if it contains text, illustrations, or other markings, and it is oriented from right to left. If it is blank it is not reproduced.
6. Except in a few special cases, the lines of text are reproduced unbroken to make them coherent and easier to read.
7. An illustration of the complete document is reproduced at the top of each page, and the section where the main illustration appears is highlighted in order to indicate its position. If it has only been possible to reproduce a long scroll in sections, the direction symbol has been used to indicate where one illustration ends and the next one begins. If the end of the scroll occupies less than one page, the direction symbol is used to indicate its position in the illustration of the complete document. If the text on the back of the document has a different orientation from the text on the front, it is reproduced as it is, but is also rotated (indicated with the rotation symbol) so that it can be read easily.
8. The titles of the documents generally conform with those already established by the Library, but in some cases have been amended by drawing on the most recent scholarly research. The titles are derived firstly from the beginning of the text, then from the end of the text, and lastly from the cover. If the title of a document differs from its authoritative form, the authoritative form is used; and if a document has no title, one is either supplied by comparison with similar documents, or a new one is devised. If the document is not in Chinese, its language is indicated before the title. If the number of juan is different from that of the authoritative version, or if there are other irregularities, this is noted.
9. The documents in the book are in traditional Chinese characters. Where the title contains personal or place names, the original characters used for these names are retained.

(Translated by David Helliwell)

第五四册目録

BD00809-1 大乘入楞伽經卷一

（唐）實叉難陀 譯

BD00809-2 大乘入楞伽經卷二

（唐）實叉難陀 譯

BD00809-3 大乘入楞伽經卷三

（唐）實叉難陀 譯

BD00809-4 大乘入楞伽經卷四

（唐）實叉難陀 譯

1626.6cm × 27.5cm

大乘入楞伽經羅婆那王勸請品第一　　如是我聞一時佛住大海濱摩羅耶
山頂楞伽城中與大比丘衆及大菩薩衆俱其諸菩薩摩訶薩悉已通達五法
三性諸識无我善知境界自心現義遊戲无量自在三昧神通諸力隨衆
生心現種種形方便調伏一切諸佛手灌其頂皆從種種諸佛國土而來此
會大慧菩薩摩訶薩為其上首　　尒時世尊於海龍王宮說法過七日已從大
海出有无量億梵釋護世諸天龍等奉迎於佛尒時如來舉目觀見摩羅
耶山楞伽大城即便微笑而作是言昔諸如來應正等覺皆於此城說自所
得聖智證法非諸外道臆度邪見及以二乘修行境界我今亦當為羅婆那王開
示此法尒時羅婆那夜叉王以佛神力聞佛言音遥知如來從龍宮出梵釋護世天
龍圍繞見海波浪觀其衆會藏識大海境界風動轉識浪起發歡喜心於其城中
高聲唱言我當詣佛請入此城令我及與諸天世人於長夜中得大饒益作是語已即
與眷屬乘花宮殿往世尊所到已下殿右繞三帀作衆伎樂供養如來所持樂器
皆是大青因陀羅寶瑠璃等寶以為間錯无價上衣而用纏裹其聲美妙音
節相和於中說偈而讚佛曰
心自性法藏　无我離見垢　證智之所知
願佛為宣說　善法集為身　證智常安樂　變化自在者　願入楞伽城
過去佛菩薩　皆曾住此城　此諸藥叉衆　一心願聽法

[illegible]
衆中聰慧者　悉以其神力　往詣如来所　各下花宮殿　礼敬世所尊　復以佛威神
對佛稱巳名　我是羅剎王　十首羅婆那　今来詣佛所　願佛攝受我　及楞伽城中
所有諸衆生　過去无量佛　咸昇寶山頂　住楞伽城中　說自所證法　世尊亦應知
住彼寶嚴山　菩薩衆圍繞　演說清淨法　我等於今日　及住楞伽衆　一心共欲聞
離言自證法　我念去来世　所有无量佛　菩薩共圍繞　演說楞伽經　此入楞伽典
昔佛所稱讚　願佛同往尊　亦為衆開演　請佛為哀愍　无量夜叉衆　入彼寶嚴城
說此妙法門　此妙楞伽城　種種寶嚴飾　牆壁非土石　羅網悉珎寶　此諸夜叉衆
昔曾供養佛　修行離諸過　證智常明了　夜叉男女等　渴仰於大乘　自信摩訶衍
亦樂令他住　唯願无上尊　為諸羅剎衆　甕耳等眷屬　往詣楞伽城　我於去来今
勤供養諸佛　願聞自證法　究竟大乘道　願佛哀愍我　及諸夜叉衆　共諸佛子等
入此楞伽城　我宮殿婇女　及以諸瓔珞　可愛无憂園　願佛哀納受　我於佛菩薩
无有不捨物　乃至身給侍　唯願哀納受　尒時世尊聞是語已即告之言夜叉王
過去世中諸大導師咸哀愍汝受汝勸請詣寶山中說自證法未来諸佛亦復
如是此是脩行甚深觀行現法樂者之所住處我及諸菩薩哀愍汝故受汝所請作
是語已默然而住時羅婆那王即以所乘妙花宮殿奉施於佛佛坐其上王及諸
菩薩前後導從无量婇女歌詠讚歎供養於佛往詣彼城到彼城已羅婆那
王及諸眷屬復作種種上妙供養夜叉衆中童男童女以寶羅網供養於佛

菩薩前後導從无量婇女歌詠讚歎供養於佛往詣彼城到彼城已羅婆那
王及諸眷屬復作種種上妙供養夜叉衆中童男童女以寶羅網供養於佛
羅婆那王施寶纓絡奉佛菩薩以挂其頸尒時世尊及諸菩薩受供養已各為略
說自證境界甚深之法時羅婆那王并其眷屬復更供養大慧菩薩而勸請言
我今請大士　奉問於世尊　一切諸如来　自證智境界　我與夜叉衆　及此諸菩薩
一心願欲聞　是故咸勸請　汝是脩行者　言論中最勝　是故生尊敬　勸汝請問法
自證清淨法　究竟入佛地　離外道二乘　一切諸過失
尒時世尊以神通力於彼山中復更化作无量寶山悉以諸天百千萬億妙寶嚴飾
一一山上皆現佛身一一佛前皆有羅婆那王及其衆會十方所有一切國土皆於
中現一一國中悉有如来一一佛前咸有羅婆那王并其眷屬楞伽大城阿輸迦園如是莊
嚴等无有異一一皆有大慧菩薩而興請問佛為開示自證智境以百千妙音說此經已
佛及諸菩薩皆於空中隱而不現羅婆那王唯自見身住本宮中作是思惟向
者是誰誰聽其說所見何物是誰能見佛及國城衆寶山林如是等物今何所在為
夢所作為幻所成為復猶如乾闥婆城為翳所見為燄所惑為如夢中石女生子
為如陽燄旋火輪耶復更思惟一切諸法性皆如是唯是自心分別境界凡夫迷
惑不能解了无有能見亦无所見无有能說亦无所說見佛聞法皆是分別如
向所見不能見佛不起分別是則能見時楞伽王尋即開悟離諸雜染證唯自心住

樂遠離心意意識斷三相續見離外道執著内自覺入如来藏趣於佛地聞虛空中
及宫殿内咸出聲言善哉大王如汝所覺諸脩行者應如是學應如是見一切如来
應如是見一切諸法若異見者則是斷見汝應永離心意意識應勤觀察一切
諸法應脩内行莫著外見莫墮二乘及以外道所脩句義所見境界及所
應得諸三昧法汝不應樂戲論談笑汝不應起圍陁諸見亦不應著王位自在亦不
應住六定等中若能如是即是如實脩行者行能摧他論能破惡見能捨一切我見
執著能以妙慧轉所依識能脩菩薩大乘之道能入如来自證之地汝應如是勤
加脩學令所得法轉更清淨善脩三昧三摩鉢底莫著二乘外道境界以為勝
樂如凡脩者之所分別外道執我見有我相及實求那而生取著二乘見有无
明緣行於性空中乱想分別楞伽王此法殊勝是大乘道能令成就自證聖智於諸有
中受上妙生楞伽王此大乘行破无明翳滅識波浪不墮外道諸見行中楞伽王外
道行者執著於我作諸異論不能演說離執著見識性二義善哉楞伽王汝
先見佛思惟此義如是思惟乃是見佛　尒時羅婆那王復作是念願我更得奉
見如来如来世尊於觀自在離外道法能說自證聖智境界超諸應化所應
作事住如来定入三昧樂是故說名大觀行師亦復名為大哀愍者能燒煩
惱分別薪盡諸佛子衆所共圍繞普入一切衆生心中遍一切處具一切智永離
一切分別事相我今願得重見如来大神通力以得見故未得者得已得不退離諸

一切分別事相我今願得重見如来大神通力以得見故未得者得已得不退離諸
分別住三昧樂增長滿足如来智地　　尒時世尊知楞伽王即當證悟无生法
忍爲哀愍故便現其身令所化事還復如本時十頭王見所曾覩无量山城悉
寶莊嚴一一城中皆有如来應正等覺三十二相以嚴其身自見其身遍諸佛
前悉有大慧夜叉圍繞說自證智所行之法亦見十方諸佛國土如是等事
悉无有別尒時世尊普觀衆會以慧眼觀非肉眼觀如師子王奮迅迴盼欣
然大笑於其眉間髀脇腰頸及以肩髆德字之中一一毛孔皆放无量妙色光
明如虹拖暉如日舒光亦如劫火猛餤熾然時虛空中梵釋四天遙見如来坐如須
弥楞伽山頂欣然大笑尒時諸菩薩及諸天衆咸作是念如来世尊於法自在
何因緣故欣然大笑身放光明默然不動住自證境入三昧樂如師子王周迴顧視
觀羅婆那念如實法　　尒時大慧菩薩摩訶薩先受羅婆那王
請復知菩薩衆會之心及觀未来一切衆生皆悉樂著語言文字隨言取義
而生迷惑執取二乘外道之行或作是念世尊已離諸識境界何因緣故欣然大
笑爲斷彼疑而問於佛佛即告言善哉大慧善哉大慧汝觀世間愍諸衆
生於三世中惡見所纏欲令開悟而問於我諸智慧人爲利自他能作是問大
慧此楞伽王曾問過去一切如来應正等覺二種之義今亦欲問未来亦尒此
二種義差別之相一切二乘及諸外道皆不能測　　尒時如来知楞伽王欲

令汝歡喜能以智慧思惟觀察離諸分別善能證
入三昧樂為諸如来之所攝受住奢摩他樂遠離二乘三昧過失住於不動善
慧法雲菩薩之地能如實知諸法无我當於大寶蓮花宮中以三昧水而灌
其頂復現无量蓮花圍繞无數菩薩於中止住與諸衆會遞相瞻視如是境界
不可思議楞伽王汝起一方便行住脩行地復起无量諸方便行汝定當得如
上所說不思議事處如来位隨形應物汝所當得一切二乘及諸外道梵釋天等所未
曾見尒時楞伽王蒙佛許已即於清淨光明如大蓮花寶山頂上從座而起諸婇
女衆之所圍繞化作无量種種色花種種色香末香塗香幢幡幰蓋冠珮瓔珞及餘
世間未曾見聞種種勝妙莊嚴之具又復化作欲界所有種種无量諸音樂器過諸天
龍乾闥婆等一切世間之所有者又復化作十方佛土昔所曾見諸音樂器又復化作
大寶羅網遍覆一切佛菩薩上復現種種上妙衣服建立幢幡以為供養作是事
已即昇虛空高七多羅樹於虛空中復雨種種諸供養雲作諸音樂從空而
下即坐第二日電光明如大蓮花寶山頂上歡喜恭敬而作是言我今欲問
如来二義如是二義我已曾問過去如来應正等覺彼佛世尊已為我說今亦
欲問於是義唯願如来為我宣說世尊變化如来說此二義非根本佛根本
佛說三昧樂境不說虛妄分別所行善哉世尊於法自在唯願哀愍說此
二義一切佛子心皆樂聞　尒時世尊告彼王言汝應問我當為汝說時夜

二義一切佛子心皆樂聞　介時世尊告彼王言汝應問我當為汝說時夜
叉王更著種種寶冠纓絡諸莊嚴具以嚴其身而作是言如来常說法尚
應捨何況非法云何得捨此二種法何者是法何者非法法若應捨云何有二
有二即墮分別相中有體无體是實非實如是一切皆是分別不能了知
阿賴耶識无差別相如毛輪住非淨智境法性如是云何可捨介時佛告楞伽王
言楞伽王汝豈不見瓶等无常敗壞之法凡夫於中妄生分別汝今何故不如
是知法與非法差別之相此是凡夫之所分別非聖智見凡夫墮在種種相
中非諸聖者楞伽王如燒宮殿園林見種種燄火性是一所出光焰由薪力故長
短大小各各差別汝今云何不如是知法與非法差別之相楞伽王如一種子生牙
莖枝葉及以花果无量差別外法如是內法亦然謂无明為緣生蘊界處一切
諸法於三界中受諸趣生有苦樂好醜語默行止各各差別又如識相雖是
一隨於境界有上中下染淨善惡種種差別楞伽王非但如上法有差別
諸修行者修觀行時自智所行亦復見有差別之相况法與非法而无種種
差別分別楞伽王法與非法差別相者當知悉是相分別故楞伽王何者
是法所謂二乘及諸外道虛妄分別說有實等為諸法因如是等法應
捨應離不應於中分別取相見自心法性則无執著瓶等諸物凡愚所取
本无有體諸觀行人以毗鉢舍那如實觀察名捨諸法楞伽王何者是非法

說有名字非如執等而可取著以彼非是識之所取如是分別亦應捨離是名
捨法及捨非法楞伽王汝先所問我已說竟楞伽王汝言我於過去諸如來
所已問是義彼諸如來已為我說楞伽王汝言過去但是分別未來亦然我亦同
彼楞伽王彼諸佛法皆離分別已出一切分別戲論非如色相唯智能證為令眾生
得安樂故而演說法以无相智說名如來是故如來以智為體智為身故不可
分別不可以何分別不可以我人眾生相分別何故不能分別以意識因境
界起取色形相是故離能分別亦離所分別楞伽王譬如壁上彩畫眾生无
有覺知世間眾生悉亦如是无業无報諸法亦然无聞无說楞伽王世
間眾生猶如變化凡夫外道不能了達楞伽王能如是見名為正見若他見
者名分別見由分別故取著於二楞伽王譬如有人於水鏡中自見其像
於燈月中自見其影於山谷中自聞其響便生分別而起取著此亦如是
法與非法唯是分別由分別故不能捨離但更增長一切虛妄不得寂滅寂
滅者所謂一緣一緣者是最勝三昧從此能生自證聖智以如來藏而為境
界

大乘入楞伽經集一切法品第二之初

尒時大慧菩薩摩訶薩與摩帝菩薩俱遊一切諸佛國土承佛神力從
座而起偏袒右肩右膝著地向佛合掌曲躬恭敬而說頌言

世間離生滅　譬如虛空花　智不得有无　而興大悲心　一切法如幻

世間離生滅　譬如虛空花　智不得有无　而興大悲心　一切法如幻
遠離於心識　智不得有无　而興大悲心　世間恒如夢　遠離於斷常
智不得有无　而興大悲心　知人法无我　煩惱及爾焰　常清淨无相
而興大悲心　佛不住涅槃　遠離覺所覺　若有若非有　法身如幻夢
云何可稱讚　知无性无生　乃名稱讚佛　佛无根境相　不見名見佛
云何於牟尼　而能有讚毀　若見於牟尼　寂靜遠離生　是人今後世
離著无所取　尒時大慧菩薩偈讚佛已自說姓名
我名為大慧　通達於大乘　今以百八義　仰諮尊中上
時世間解聞是語已普觀眾會而作是言　汝等諸佛子　今皆恣所問
我當為汝說　自證之境界　尒時大慧菩薩摩訶薩蒙佛許已
頂礼佛足以頌問曰　云何起計度　云何起迷惑　云何淨迷惑　云何名佛子
及无影次第　云何剎土化　相及諸外道　解脫至何所　誰縛誰能解　云何禪境界
何故有三乘　彼以何緣生　何作何能作　誰說二俱異　云何諸有起　云何无色定
及與滅盡定　云何為想滅　云何從定覺　云何所作生　進去及持身　云何見諸物
云何入諸地　云何有佛子　誰能破三有　何處身云何　生復住何處　云何得神通
自在及三昧　三昧心何相　願佛為我說　云何名藏識　云何名意識　云何起諸見
云何姓非姓　云何唯是心　何因建立相　云何成无我　云何无眾生　云何隨俗說

乾城及陽焰 乃至水中月 云何菩提分 覺分從何起 云何國土亂 何故見諸有
云何知世法 云何離文字 云何如空花 不生亦不滅 真如有幾種 諸度心有幾
云何如虛空 云何離分別 云何地次第 云何得无影 何者二无我 云何所知淨
種智有幾種 戒眾生亦然 摩尼等諸寶 斯並云何出 誰起於語言 眾生及識物
明處與伎術 誰之所顯示 伽他有幾種 長行句亦然 道理幾不同 解釋幾差別
飲食是誰作 愛欲云何起 云何轉輪王 及以諸小王 云何王守護 天眾幾種別
地日月星宿 斯等並是何 解脫有幾種 修行師復幾 云何阿闍梨 弟子幾差別
如來有幾種 本生事亦然 眾魔及異學 如是各有幾 自性幾種異 心有幾種別
云何唯假設 願佛為開演 云何為風雲 念智何因有 藤樹等行列 此並誰能作
云何為馬獸 何因而捕取 云何卑陋人 願佛為我說 云何六時攝 云何一闡提
女男及不男 此並云何生 云何修行進 云何修行退 瑜伽師有幾 令人住其中
眾生生諸趣 何形何色相 富饒大自在 此復何因得 云何釋迦種 云何甘蔗種
仙人長苦行 是誰之教受 何因佛世尊 一剎切中現 異名諸色類 佛子眾圍繞
何因不食肉 何因令斷肉 食肉諸眾生 以何因故食 何故諸國土 猶如日月形
須彌及蓮花 萬字師子像 何故諸國土 如因陀羅網 覆住或側住 一切寶所成
何故諸國土 无垢日月光 或如花果形 箜篌細腰鼓 云何變化佛 云何為報佛
真如智慧佛 願皆為我說 云何於欲界 不成等正覺 何故色究竟 離染得菩提

何故諸國土　无垢日月光　或如花果形　箜篌細腰鼓　云何變化佛　云何為報佛
真如智慧佛　願皆為我說　云何於欲界　不成等正覺　何故色究竟　離染得菩提
如來滅度後　誰當持正法　世尊住久如　正法幾時住　悉檀有幾種　諸見復有幾
何故立毗尼　及以諸比丘　一切諸佛子　獨覺及聲聞　云何轉所依　云何得无相
云何得世通　云何得出世　復以何因緣　心住七地中　僧伽有幾種　云何成破僧
云何為眾生　廣說醫方論　何故大牟尼　唱說如是言　迦葉拘留孫　拘那含是我
何故說斷常　及與我无我　何不恒說實　一切唯是心　云何男女林　訶梨菴摩羅
雞羅娑輪圍　及以金剛山　如是處中間　无量寶莊嚴　仙人乾闥婆　一切皆充滿
此皆何因緣　願尊為我說
介時世尊聞其所請大乘微妙諸佛之心最上法門即告之言善哉
大慧諦聽如汝所問當次第說即說頌言
若生若不生　涅槃及空相　流轉无自性　波羅蜜佛子　聲聞辟支佛
外道无色行　須弥巨海　洲渚剎土地　星宿與日月　天眾阿脩羅
解脫自在通　力禪諸三昧　滅及如意足　菩提分及道　禪定與无量
諸蘊及往來　乃至滅盡定　心生起言說　心意識无我　五法及自性
分別所分別　能所二種見　諸乘種性處　金摩尼真珠　一闡提大種
荒亂及一佛　智所知教得　眾生有无有　象馬獸何因　云何而捕取

須弥諸山地　巨海日月量　上中下衆生　身各幾微塵　一一剎幾塵
一一弓幾肘　幾弓俱盧舍　半由旬由旬　兔毫與隟遊　蟣羊毛穬麥
半升與一升　是各幾穬麥　一斛及十斛　十萬暨千億　乃至頻婆羅
是等各幾數　幾塵成芥子　幾芥成草子　復以幾草子　而成於一豆
幾豆成一銖　幾銖成一兩　幾兩成一斤　幾斤成須弥　此等所應請
何因問餘事　聲聞辟支佛　諸佛及佛子　如是等身量　各有幾微塵
火風各幾塵　一一根有幾　眉及諸毛孔　復各幾塵成　如是等諸事
云何不問我　云何得財富　云何轉輪王　云何王守護　云何得解脫
云何長行句　婬欲及飲食　云何男女林　金剛等諸山　幻夢渴愛譬
諸雲從何起　時節云何有　何因種種味　女男及不男　佛菩提嚴飾
云何諸妙山　仙闥婆莊嚴　解脫至何所　誰縛誰解脫　云何禪境界
變化及外道　云何无因作　云何有因作　云何轉諸見　云何起計度
云何淨計度　所作云何起　云何而轉去　云何斷諸想　云何起三昧
破三有者誰　何處身云何　云何无有我　云何隨俗說　汝問相云何
及所問非我　云何為胎藏　及以餘支分　云何斷常見　云何心一境
云何言說智　戒種性佛子　云何稱理釋　云何師弟子　衆生種性別
云何為愚夫　聰明魔施設　云何樹行布　是汝之所問　何因一切剎

及所隱非我　云何為胎藏　及以餘支分　云何斷常見　云何心一境
云何言說智　戒種性佛子　云何稱理釋　云何師弟子　衆生種性別
飲食及虛空　聰明魔施設　云何樹行布　是汝之所問　何因一切剎
種種相不同　或有如箜篌　腰鼓及衆花　或有離光明　仙人長苦行
或有好族姓　衆令生尊重　或有體卑陋　為人所輕賤　云何欲界中
脩行不成佛　而於色究竟　乃昇等正覺　云何世間人　而能獲神通
何因稱比丘　何故名僧伽　云何化及報　真如智慧佛　云何使其心
得住七地中　此及於餘義　汝今咸問我　如先佛所說　一百八種句
一一相相應　遠離諸見過　亦離於世俗　言語所成法　我當為汝說
佛子應聽受　　尒時大慧菩薩摩訶薩白佛言世尊何
者是一百八句佛言大慧所謂生句非生句常句非常句相句非相
句住異句非住異句剎那句非剎那句自性句非自性句空句非空句斷句
非斷句心句非心句中句非中句恒句非恒句緣句非緣句因句非
因句煩惱句非煩惱句愛句非愛句方便句非方便句善巧句
非善巧句清淨句非清淨句相應句非相應句譬喻句非譬喻句
弟子句非弟子句師句非師句種性句非種性句三乘句非三乘
句无影像句非无影像句願句非願句三輪句非三輪句摽相句

水句非水句弓句非弓句大種句非大種句筭數句[非筭數句]神通句非神
通句虛空句非虛空[句]雲句非雲句巧明句非巧明句伎術句非伎術
句風句非風句地句非地句心句非心句假立句非假立句體性句非體
性句蘊句非蘊句衆生句非衆生句覺句非覺句涅槃句[非涅槃句]所知句非所
知句外道句非外道句荒亂句非荒亂句幻句非幻句夢句非夢句
陽焰句非陽焰句影像句非影像句火輪句非火輪句乹闥婆句非
乹闥婆句天句非天句飲食句非飲食句婬欲句非婬欲句見句非
見句波羅蜜句非波羅蜜句戒句[非戒句]日月星宿句非日月星宿句諦
句非諦句果句非果句滅句非滅句滅起句非滅起句醫方句非醫
方句相句非相句支分句非支分句禪句非禪句迷句非迷
句現句非現句護句非護句種族句非種族句仙句非仙句
王句非王句攝受句非攝受句寶句非寶句記句非記句一闡
提句非一闡提句女男不男句非女男不男句味句非味句
作句非作句身句非身句計度句非計度句動句[非動句]根句非根
句有為句非有為句因果句非因果句色究竟句非色究竟句
時節句非時節句樹藤句非樹藤句種種句非種種句演說句
非演說句決定句非決定句毗尼句非毗尼句比丘句非比丘句住

非演說句決定句非決定句毗尼句非毗尼句比丘句非比丘句住
持句非住持句文字句非文字句大慧此百八句皆是過去諸
佛所說
　　尒時大慧菩薩摩訶薩復白佛言
世尊諸識有幾種生住滅佛言大慧諸識有二種生住滅非
臆度者之所能知所謂相續生及相生相續住及相住相續滅
及相滅諸識有三相謂轉相業相真相大慧識廣說有八略則
唯二謂現識及分別事識大慧如明鏡中現諸色像現識亦
尒大慧現識與分別事識此二識无異相互為因大慧現識以不
思議熏變為因分別事識以分別境界及无始戲論習氣為因大
慧阿賴耶識虛妄分別種種習氣滅即一切根識滅是名相滅大慧
相續滅者謂所依因滅及所緣滅即相續滅所依因者謂无始戲
論虛妄習氣所緣者謂自心所見分別境界大慧譬如泥團與
微塵非異非不異金與莊嚴具亦如是大慧若泥團與微塵
異者應非彼成而實彼成是故不異若不異者泥團微塵應
无分別大慧轉識藏識若異者藏識應非彼因若不異者
轉識滅藏識亦應滅然彼真相不滅大慧識真相不滅但業相
滅若真相滅者藏識應滅若藏識滅者即不異外道斷滅論大

說作者為生因故作者是何彼計勝性丈夫自在時及微塵為能
作者復次大慧有七種自性所謂集自性性自性相自性大種自
性因自性緣自性成自性復次大慧有七種第一義所謂心所行
智所行二見所行超二見所行超子地所行如來所行如來自證
聖智所行大慧此是過去未來現在一切如來應正等覺法自性
第一義心以此心成就如來世間出世間最上法以聖慧眼入自共相
種種安立其所安立不與外道惡見共大慧云何為外道惡見
謂不知境界自分別現於自性第一義見有見无而起言說大
慧我今當說若了境如幻自心所現則滅妄想三有苦及无知
愛業緣大慧有諸沙門婆羅門妄計非有及有於因果外顯
現諸物依時而住或計蘊界處依緣生住有已即滅大慧
彼於若相續若作用若生若滅若諸有若涅槃若道若
業若果若諦是破壞斷滅論何以故不得現法故不見根本故大慧
譬如瓶破不作瓶事又如燋種不能生芽此亦如是若蘊界處法
已現當滅應知此則无相續生以无因故但是自心虛妄所見復次
大慧若本无有識三緣合生龜應生毛沙應出油汝宗則壞
違決定義所作事業悉空无益大慧三合為緣是因果性可說

大慧若本无有識三緣合生龜應生毛沙應出油汝宗則壞
違決定之義所作事業悉空无益大慧三合為緣是因果性可說
為有過現未來從无生有此依住覺想地者所有理教及自
惡見熏習餘氣作如是說大慧愚癡凡夫惡見所噬邪見
迷醉无智妄稱一切智說大慧復有沙門婆羅門觀一切法皆
无自性如空中雲如旋火輪如乾闥婆城如幻如焰如水中月如夢
所見不離自心由无始來虛妄見故取以為外作是觀已斷分別緣
亦離妄心所取名義知身及物并所住處一切皆是藏識境界无能
所取及生住滅如是思惟恒住不捨大慧此菩薩摩訶薩不久當
得生死涅槃二種平等大悲方便无功用行觀衆生如幻如影從緣无
起知一切境界離心无得行无相道漸昇諸地住三昧境了達三界
皆唯自心得如幻定絶諸影像成就智慧證无生法入金剛喻三昧
當得佛身恒住如如起諸變化力通自在大慧方便以為嚴飾
遊諸佛國令離外道及心意識轉依次第成如來身大慧菩薩摩

[illegible]
无生自證聖法得心自在无功用行如如意寶隨宜現身令達
漸入諸地是故大慧菩薩摩訶薩於自悉壇應善脩學

大乘入楞伽經卷第一

大乘入楞伽經集一切法品第二　二

尒時大慧菩薩摩訶薩復白佛言世尊唯願為我說心意意
識五法自性相衆妙法門此是一切諸佛菩薩入自心境離所行
相稱真實義諸佛教心唯願如來為此山中諸菩薩衆隨
順過去諸佛演說藏識海浪法身境界尒時世尊告大慧
菩薩摩訶薩言有四種因緣眼識轉何等為四所謂不覺自心
現而執取故无始時來取著於色虛妄習氣故識本性如是故
樂見種種色相故大慧以此四緣阿賴耶識如瀑流水生轉識浪如
眼識餘亦如是於一切諸根微塵毛孔眼等轉識或時頓生譬如明
鏡現衆色像或時漸生猶如猛風吹大海水心海亦尒境界風吹起識
諸浪相續不絕大慧因所相故非一非異業與生相[illegible]

鏡現衆色像或時漸生猶如猛風吹大海水心海亦尒境界風吹起識
諸浪相續不絕大慧因所相故非一非異業與生相相繫深縛不
能了知色等自性五識身轉大慧或與五識同時因了別差別
境相有意識生然彼諸識不作是念我等同時展轉為因而於
自心所現境界分別執着俱時而起无差別相各了自境大
慧諸修行者入於三昧以習氣微細起而不覺但作是念我滅諸
識入於三昧實不滅諸識而入三昧以彼不滅習氣種故但不取境名
為識滅大慧如是藏識行相微細唯除諸佛及住地菩薩其
餘一切二乘外道定慧之力皆不能知唯有修行如實行者以
智慧力了諸地相善達句義无邊佛所廣集善根不妄分
別自心所見能知之耳大慧諸修行人宴處山林上中下修能
見自心分別流注得諸三昧自在力通諸佛灌頂菩薩圍遶
知心意意識所行境界超愛業无明生死大海是故汝等
應當親近諸佛菩薩如實修行大善知識尒時世尊重
說頌言

花果日月光　非異非不異　意等七種識　應知亦如是　如海洪波浪
心俱和合生　譬如海水動　種種波浪轉　藏識亦如是　種種諸識生
心意及意識　為諸相故說　八識无別相　无能相所相　譬如海波浪
是則无差別　心識亦如是　異亦不可得　心能積集業　了別故名識
對現境說五　　尒時大慧菩薩摩訶薩以頌問曰
青赤諸色像　藏識所顯現　如浪種種法　云何願佛說
尒時世尊以頌荅曰　青赤諸色像　浪中不可得　言心起眾相
開悟諸凡夫　而彼本无起　自心離所取　能取及所取　與彼波浪同
身資財安住　眾生識所現　是故見此起　與浪无差別
尒時大慧復說頌曰
大海波浪性　鼓躍可分別　藏識如是起　何故不覺知
尒時世尊以頌荅曰
阿賴耶如海　轉識同波浪　為凡夫无智　譬喻廣開演
尒時大慧復說頌言
譬如日光出　上下等皆照　世間燈亦然　應為愚說實　已能開示法
何不顯真實

何不顯真實
尒時世尊以頌荅曰
若說真實者　彼心无真實　譬如海波浪　鏡中像及夢　俱時而顯現
心境界亦然　境界不具故　次第而轉生　識以能了知　意復意謂然
五識了現境　无有定次第　譬如工畫師　及畫師弟子　布彩圖衆像
我說亦如是　彩色中无文　非筆亦非素　為悅衆生故　綺煥成衆像
言說離真實　真實離文字　我所住實法　為諸修行說　真實自證處
離能所分別　此為佛子說　愚夫別開演　種種皆如幻　所見不可得
如是種種說　隨事而變異　所說非所應　於彼為非說　譬如衆病人
良醫隨授藥　如來為衆生　隨心應量說　世間依怙者　證智所行處
非外道境界　聲聞亦復然
復次大慧菩薩摩訶薩若欲了知能取所取分別境界皆
是自心之所現者當離憒鬧昏滯睡眠初中後夜勤加修
習遠離曾聞外道邪論及二乘法通達自心分別之相
復次大慧菩薩摩訶薩住智慧心所住相已於上聖智三相
當勤修學何者為三所謂无影像相一切諸佛願持相自
證聖智所趣相諸修行者獲此相已即捨跛驢智慧心相入菩
薩第八地於此三相

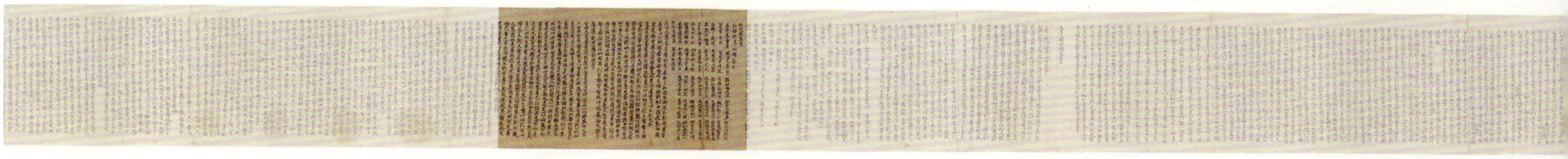

願力所加持故而得生起自證聖智所趣相者謂由不取一切法
相成就如幻諸三昧身起佛地智故而得生起大慧是名上聖
智三種相若得此相即到自證聖智所行之處汝及諸菩
薩摩訶薩應勤修學
尒時大慧菩薩摩訶薩知諸菩薩心之所念承一切佛威神之力
而白佛言唯願為說百八句差別所依聖智事自性法門一切如
來應正等覺為諸菩薩摩訶薩墮自共相者說此妄計性差別
義門知此義已則能淨治二无我觀境照明諸地超越一切二乘
外道三昧之樂見諸如來不可思議所行境界畢竟捨離五法自
性以一切佛法身智慧而自莊嚴入如幻境住一切佛刹兜率陁
宮色究竟天成如來身佛言大慧有一類外道見一切法隨因而
盡生分別解相兔无角起於无見如兔角无一切諸法悉亦如是
復有外道見大種求那塵等諸物形量分位各差別已執兔无
角於此而生牛有角想大慧彼墮二見不了唯心但於自心
增長分別大慧身及資生器世間等一切皆唯分別所現
大慧應知兔角離於有无諸法悉然勿生分別云何兔角
離於有无互因待故分析牛角乃至微塵求其體相終不
可得聖智所行

BD00809-2　大乘入楞伽經卷二

云何兔角

離於有无无因待故分析牛角乃至微塵求其體相終不
可得聖智所行遠離彼見是故於此不應分別
尒時大慧菩薩摩訶薩復白佛言世尊彼豈不以妄見起
相比度觀待妄計无耶佛言不以分別起相待以言无何以故
彼以分別為生因故以角分別為其所依為因離異不異非
由相待顯兔角无大慧若此分別異兔角者則非角因若
不異者因彼而起大慧分析牛角乃至極微求不可得異於
有角言无角者如是分別決定非理二俱非有誰待於誰
若相待不成待於有故言兔角无不應分別不正因故有
无論者執有執无二俱不成大慧復有外道見色形狀虛
空分齊而生執著言色異虛空起於分別大慧虛空是色
隨入色種大慧色是虛空能持所持建立性故色空分齊
應如是知大慧大種生時自相各別不住虛空中非彼无虛
空大慧兔角亦尒觀待牛角言彼角无大慧分析牛角乃
至微塵又析彼塵其相不現彼何所待而言无耶若待餘物
彼亦如是大慧汝應遠離兔角牛角虛空及色所有分別

心所見无有　唯依心故起　身資所住影　衆生藏識現　心意及與識
自性五種法　二无我清淨　諸導師演說　長短共觀待　展轉互相生
因有故成无　因无故成有　微塵分析事　不起色分别　唯心所安立
惡見者不信　非外道行處　聲聞亦復然　救世之所說　自證之境界
介時大慧菩薩摩訶薩為淨自心現流故而請佛言世尊云何淨
諸衆生自心現流為漸次淨為頓淨耶佛言大慧漸淨非頓如菴羅
果漸熟非頓諸佛如來淨諸衆生自心現流亦復如是漸淨非頓
如陶師造器漸成非頓諸佛如來淨諸衆生自心現流亦復如是
漸而非頓譬如大地生諸草木漸生非頓諸佛如來淨諸衆
生自心現流亦復如是漸而非頓大慧譬如人學音樂書畫種
種伎術漸成非頓諸佛如來淨諸衆生自心現流亦復如是
漸而非頓譬如明鏡頓現衆像而无分别諸佛如來淨諸衆生
心自現流亦復如是頓現一切无相境界而无分别如日月輪一
時遍照一切色像諸佛如來淨諸衆生自心過習亦復如是
頓為示現不可思議諸佛如來智慧境界譬如藏識頓現於
身及資生國土一切境界報佛亦介於色究竟天頓能成熟
一切衆生令修諸行譬如法佛頓現報佛及以化佛光明照曜自

身及資生國土一切境界報佛亦尒於色究竟天頓能成熟
一切衆生令脩諸行譬如法佛頓現報佛及以化佛光明照曜自
證聖境亦復如是頓現法相而爲照曜令離一切有无惡見
復次大慧法性所流佛說一切法自相共相自心現習氣因相妄計
性所執因相更相繫屬種種幻事皆无自性而諸衆生種種執
著取以爲實悉不可得復次大慧妄計自性執著緣起自性起
大慧譬如幻師以幻術力依草木瓦石幻作衆生若干色像令其
見者種種分別皆无真實大慧此亦如是由取著境界習氣力故
於緣起性中有妄計性種種相現是名妄計性生大慧是名法性
所流佛說法之相大慧法性佛者建立自證智所行離心自性相大
慧應化佛說施戒忍進禪慮智慧蘊界處法及諸解脫諸識
行相建立差別越外道見超无色行復次大慧法性佛非所
攀緣一切所緣一切所作根量等相悉皆遠離非凡夫二乘及
諸外道執著我相所取境界是故大慧於自證聖智勝
境界相當勤脩學於自心所現分別見當速捨離
復次大慧聲聞乘有二種差別相所謂自證聖智殊勝相分別
執著自性相云何自證聖智殊勝相謂明見苦空无常无我諸

[illegible]
聖智境界樂亦離習氣及不思議變易死是名聲聞乘
自證聖智境界相菩薩摩訶薩雖亦得此聖智境界以憐愍
衆生故本願所持故不證寂滅門及三昧樂諸菩薩摩訶薩於
此自證聖智樂中不應脩學大慧云何分別執著自性相所謂知
堅濕煖動青黃赤白如是等法非作者生然依教理見自共相
分別執著聲聞乘分別執著相菩薩摩訶薩於此法中應
知應離人无我見法无我相漸住諸地
尒時大慧菩薩摩訶薩白佛言世尊如來所說常不思議自證智
第一義境將无同諸外道所說常不思議作者耶佛言大慧非諸
外道作者得常不思議所以者何諸外道常不思議因自相不
成既因自相不成以何顯示常不思議大慧外道所說常不思
議若因自相成彼則有常但以作者爲因相故常不思議不成大
慧我第一義常不思議第一義因相成遠離有无自證聖智所
行相故有相第一義智爲其因故有因離有无故非作者故如
虛空涅槃寂滅法故常不思議是故我說常不思議不同外道所
有諍論（偏）大慧此常不思議是諸如來自證聖智所行真理是
故菩薩當勤學復次大慧外道常不思議以无常異相因故

故菩薩當勤學復次大慧外道常不思議以无常異相因故
常非自相因力故常大慧外道常不思議以見所作法有已還
无无常已比知是常我亦見所作法有已還无无已不因此
説為常大慧外道以如是因相成常不思議此因相非有
同於兎角故常不思議唯是分別但有言説何故彼因同於
兎角自因相故大慧我常不思議以自證為因相不以外法有
已還无无常為因外道反此曾不能知常不思議自因之
相而恒在於自證聖智所行相外此不應説
復次大慧諸聲聞畏生死妄想苦而求涅槃不知生死涅槃
差別之相一切皆是妄分別有无所有故妄計未來諸根境滅
以為涅槃不知證自智境界轉所依藏識為大涅槃彼愚癡
人説有三乘不説唯心无有境界大慧彼人不知去來現在諸
佛所説自心境界取心外境常於生死輪轉不絶復次大慧去
來現在諸如來説一切法不生何以故自心所見非有性故離有
无生故如兎馬等角凡愚妄取唯證聖智所行之處非諸
愚夫二分別境大慧身及資生器世間等一切皆是藏識影
像所取能取二種相現彼諸愚夫墮生住滅二見中故於中妄

種性如来乘種性不定種性无種性大慧云何知是聲聞乘
種性謂若聞說於蘊界處自相共相若知若證舉身毛竪心
樂脩習於緣起相不樂觀察應知此是聲聞乘種性彼於自
乘見所證已於五六地斷煩惱結不斷煩惱習住不思議死
正師子吼言我生已盡梵行已立所作已辦不受後有脩習人
无我乃至生於得涅槃覺大慧復有衆生求證涅槃言能覺
知我人衆生養者取者此是涅槃復有說言見一切法因作者有
此是涅槃大慧彼无解脫以未能見法无我故此是聲聞乘及外
道種性於未出中生出離想應勤脩習捨此惡見大慧云何知是緣
覺乘種性謂若聞說緣覺乘法舉身毛竪悲泣流淚離憒
閙緣无所染著有時聞說現種種身或聚或散神通變化
其心信受无所違逆當知此是緣覺乘種性應為其說緣覺
乘法大慧如来乘種性所證法有三種所謂自性无自性法內身
自證聖智法外諸佛剎廣大法大慧若有聞說此一一法及自心所
現身財建立阿賴耶識不思議境不驚不怖不畏當知此是如
来乘性大慧不定種性者謂聞說彼三種法時隨生信解而
順脩學大慧為初治地人而說種性欲令其入无影像地作此
建立大慧彼住三昧樂聲聞

若善於大慧亦定稱於有言聞說依三種法時隨生信解而
順脩學大慧為初治地人而說種性欲令其入无影像地作此
建立大慧彼住三昧樂聲聞若能證知自所依識見法无我
淨煩惱習畢竟當得如來之身尒時世尊即說頌言
預流一來果　不還阿羅漢　是等諸聖人　其心悉迷惑　我所立三乘
一乘及非乘　為愚夫少智　樂寂諸聖說　第一義法門　遠離於二取
住於无境界　何建立三乘　諸禪及无量　无色三摩地　乃至滅受想
唯心不可得　　復次大慧此中一闡提何故於解脫中不生欲
樂大慧以捨一切善根故為无始衆生起願故云何捨一切善
根謂謗菩薩藏言此非隨順契經調伏解脫之說作是語時善根
悉斷不入涅槃云何為无始衆生起願謂諸菩薩以本願方便願
一切衆生悉入涅槃若一衆生未涅槃者我終不入此亦住一闡提
趣此是无涅槃種性相大慧菩薩言世尊此中何者畢竟不
入涅槃佛言大慧彼菩薩一闡提知一切法本來涅槃畢竟不
入非捨善根何以故捨善根一闡提以佛威力故或時善根生所
以者何佛於一切衆生无捨時故是故菩薩一闡提不入涅槃
復次大慧菩薩摩訶薩當善知三性相何者為三所謂妄
計自性緣起自性圓成自性大慧妄計自性從相生云何從相生謂
彼依緣起事相種類顯現

謂即彼内外法中計著自共相是名二種妄計自性相大慧從所依所緣
起是緣起性何者圓成自性謂離名相事相一切分別自證聖智所行
真如大慧此是圓成自性如來藏心尒時世尊即說頌言
名相分別　二自性相　正智真如　是圓成性
大慧是名觀察五法
自性相法門自證聖智所行境界汝及諸菩薩摩訶薩當勤脩學
復次大慧菩薩摩訶薩當善觀察二无我相何者為二所謂人无我
相大慧何者是人无我相謂蘊界處離我我所无明愛業之所生起眼
等識生取於色等而生計著又自心所見身器世間皆是藏心之所顯
現剎那相續變壞不停如何流如種子如燈焰如迅風如浮雲躁動不安如猨
猴樂不淨處如飛蠅不知猒足如猛火无始虛偽習氣為因諸有趣中
流轉不息如汲水輪種種色身威儀進止譬如死屍呪力故行亦如木人
因機運動若能於此善知其相是名人无我智大慧云何為法无我
智謂智蘊界處是妄計性如蘊界處離我我所唯共積聚愛業繩
縛互為緣起无能作者蘊等亦尒離自共相虛妄分別種種相現愚夫
分別非諸聖者如是觀察一切諸法離心意識五法自性是名菩薩
摩訶薩法无我智得此智已知无境界了諸地相即入初地
心生歡喜次第漸進乃至善慧及以法雲諸有所作皆悉已辦

心生歡喜次第漸進乃至善慧及以法雲諸有所作皆悉已辦
住是地已有大寶蓮花王衆寶莊嚴於其花上有寶宮殿狀
如蓮花菩薩住脩幻性法門之所成就而坐其上同行佛子前後
圍繞一切佛剎所有如來皆舒其手如轉王子灌頂之法而灌其頂
超佛子地獲自證法成就如來自在法身大慧是名見法无我相
汝及諸菩薩摩訶薩應勤脩學
尒時大慧菩薩摩訶薩復白佛言世尊願說建立誹謗相令我及諸
菩薩摩訶薩離此惡見疾得阿耨多羅三藐三菩提得菩提已破建
立常見斷見令於正法不生誹謗佛受其請即說頌言
身資財所住　皆唯心影像　凡愚不能了　起建立誹謗　所起但是心
離心不可得
尒時世尊欲明此義告大慧言四種无有建立何者爲四所謂无有相
建立相无有見建立見无有因建立因无有性建立性是爲四大慧誹謗者
謂於諸惡見所建立法求不可得不善觀察遂生誹謗此是建立誹
謗相大慧云何无有相建立相謂於蘊界處自相共相本无所
有而生計著此如是此不異而此分別從无始種種惡見習氣所生
是名无有相建立相云何无有見建立見謂於蘊界處建立我人

有因建立因云何无有性建立性謂於虛空涅槃非數滅无作性執
著建立大慧此離性非性一切諸法離於有无猶如毛輪兎馬等角
是名无有性建立大慧建立誹謗皆是凡愚不了唯心而生分別非
諸聖者是故汝等當勤觀察遠離此見大慧菩薩摩訶薩善知心意
意識五法自性二无我相已為衆生故作種種身如依緣起起妄計性
亦如摩尼隨心現色普入佛會聽聞佛說諸法如幻夢如影中鏡像如水
中月遠離生滅及以斷常不住聲聞辟支佛道聞已成就无量百千俱胝
踰膳那三摩地得此三摩地已遍遊一切諸佛國土供養諸佛生諸天上顯
揚三寶示現佛身為諸聲聞菩薩大衆說外境界皆唯是心悉令遠
離有无等執尒時世尊即說頌言
佛子能觀見　世間唯是心　示現種種身　所作无鄣礙　神通力自在
一切皆成就　尒時大慧菩薩摩訶薩復請佛言願為我說一切法
空无生无二无自性相我及諸菩薩悟此相故離有无分別疾得阿耨多
羅三藐三菩提佛言諦聽當為汝說大慧空者即是妄計性句義大
慧為執著妄計自性故說空无生无二无自性大慧略說空性有七種
謂相空自性空无行空行空一切法不可說空第一義聖智大空彼彼空云
何相空謂一切法自相共相空展轉積聚互相待故分析推求无所有故
自他及共皆不生故自共相无生亦无住是故名一切法自相空云何自性
空謂一切法自性不生是名自性空云何无行空所謂諸蘊本來
涅槃无有諸行是名无行空所謂蘊由業及因和合而起離我我所
是名行空云何一切法不可說空謂一切法妄計自性无可言說是名不可說
空云何第一義聖智大空謂得自證聖智時一切諸見習氣悉離是名

是名行空云何一切法不可說空謂一切法妄計自性无可言說是名不可說
空云何第一義聖智大空謂得自證聖智時一切諸見習氣悉離是名
第一義聖智大空云何彼彼空謂於此无彼是名彼彼空大慧我曾為鹿
子母說堂无象馬牛羊等我說彼堂空非无比丘衆大慧非謂堂无堂
自性非謂比丘无比丘自性非謂餘處无象馬牛羊大慧一切諸法自
相共相彼彼求不可得是故說名彼彼空是名七種空大慧此彼彼空
空中最麁汝應遠離復次大慧无生者自體不生生言不生除住三昧
是名无生大慧无自性者以无生故密意而說大慧一切法无自性以剎
那不住故見後變異故是名无自性云何无二相大慧如日光影如長
短如黑白皆相待立獨則不成大慧非於生死外有涅槃非於涅槃外
有生死生死涅槃无相違相如生死涅槃一切法亦如是是名无二相大
慧空无生无二无自性相汝當勤學尒時世尊重說頌言
我常說空法　遠離於斷常　生死如幻夢　而業亦不壞　虛空及涅槃　滅二亦如是
愚夫妄分別　諸聖離有无　尒時世尊復告大慧菩薩摩訶薩言
大慧此空无生无自性无二相悉入一切諸佛所說修多羅中佛所說經皆有
是義大慧諸修多羅隨順一切衆生心說而非真實在於言中譬如陽
焰誑惑諸獸令生水想而實无水衆經所說亦復如是隨諸愚夫自所
分別令生歡喜非皆顯示聖智證處真實之法大慧應隨順義莫著言說
尒時大慧菩薩摩訶薩白佛言世尊修多羅中說如來藏本性清淨常恒
不斷无有變易具三十二相在於一切衆生身中為蘊界處垢衣所纏貪恚

求那自在无[illegible]世尊所說如來藏義[illegible]
如來藏不同外道所說之我大慧如來應正等覺以性空實際涅槃不生无相
无願等諸句義說如來藏為令愚夫離无我怖說无分別无影像處如來藏
門未來現在諸菩薩摩訶薩不應於此執着於我大慧譬如陶師於泥聚
中以人功水杖輪繩方便作種種器如來亦尒於遠離一切分別相无我法中以
種種智慧方便善巧或說如來藏或說為无我種種名字各各差別大慧我
說如來藏為攝着我諸外道衆令離妄見入三解脫速得證於阿耨多羅
三藐三菩提是故諸佛說如來藏不同外道所說之我若欲離於外道見
者應知无我如來藏義尒時世尊即說頌言
士夫相續藴　衆緣及微塵　勝自在作者　此但心分別　尒時大慧菩薩
摩訶薩普觀未來一切衆生復請佛言願為我說具脩行法如諸菩薩
摩訶薩成大脩行佛言大慧菩薩摩訶薩具四種法成大脩行何者為四謂
觀察自心所現故遠離生住滅見故善知外法无性故專求自證聖智故若諸
菩薩成此四法則得名為大脩行者大慧云何觀察自心所現謂觀三界唯是自
心離我我所无動作无來去无始執着過習所熏三界種種色行名言繫
縛身資所住分別隨入之所顯現菩薩摩訶薩如是觀察自心所現大慧云何
得離生住滅見所謂觀一切法如幻夢生自他及俱皆不生故隨自心量之所現
故見外物无有故見諸識不起故及衆緣无積聚故分別因緣起三界故如是
觀時若內若外一切諸法皆不可得知无體實遠離生見證如幻性即時逮
得无生法忍住第八地了心意意識五法自性二无我境轉所依止獲意生
身大慧言世尊以何因緣名意生身佛言大慧意生身者譬如意去速疾
无礙名意生身大慧譬如心意於无量百千踰膳那之外憶先所見種種

得无生法忍住第八地[illegible]
身大慧言世尊以何因緣名意生身佛言大慧意生身者譬如意去速疾
无礙名意生身大慧譬如心意於无量百千踰膳那之外憶先所見種種
諸物念念相續疾詣於彼非是其身及山河石壁所能為礙意生身者
亦復如是如幻三昧力通自在諸相莊嚴憶本成就衆生願故猶如意去生
於一切諸聖衆中是名菩薩摩訶薩得遠離於生住滅見大慧云何觀
察外法无性謂觀察一切法如陽焰如夢境如毛輪无始戲論種種執著虛妄習
氣為其因故如是觀察一切法時即是專求自證聖智大慧是名菩薩具四種
法成大脩行汝應如是勤加脩學
尒時大慧菩薩摩訶薩復請佛言願說一切法因緣相令我及諸菩薩摩
訶薩了達其義離有无見不妄執諸法漸生頓生佛言大慧一切法因緣生有
二種謂外及内外者謂以泥團水杖輪繩人功等緣和合成瓶如泥瓶縷疊草席
種牙酪蘇悉亦如是是名外緣前後轉生内者謂无明愛業等生蘊界處
法是為内緣起此但愚夫之所分別大慧因有六種謂當有因相屬因相因能
作因顯了因觀待因大慧當有因者謂内外法作因性果相屬因者謂内外法作
所緣生果蘊種子等相因者作无間相生相續果能作因者謂作增上而生
於果如轉輪王顯了因者謂分別生能現境相如燈照物觀待因者謂滅
時相續斷无妄想生大慧此是愚夫自所分別非漸次生亦非頓生何以故
大慧若頓生者則作與所作无有差別求其因相不可得故若漸生者求

漸次與頓皆悉不生但有心現身資等故外自共相皆无性故唯除識起自分別
見大慧是故應離因緣所作和合相中漸頓生見尒時世尊重說頌言
一切法无生　亦復无有滅　於彼諸緣中　分別生滅相　非遮諸緣會　如是滅復生
但止於凡愚　妄情之所著　緣中法有无　是悉无有生　習氣迷轉心　從是三有現
本來无有生　亦復无有滅　觀一切有為　譬如虛空花　離能取所取　一切迷惑見
无能生所生　亦復无因緣　但隨世俗故　而說有生滅

大乘入楞伽經卷第二

大乘入楞伽經集一切法品第二之三　三

尒時大慧菩薩摩訶薩復白佛言世尊願為我說言說分別相心法門我及諸菩薩摩訶薩善知此故通達能說所說二義疾得阿耨多羅三藐三菩提令一切衆生於二義中而得清淨佛言大慧有四種言說分別相所謂相言說夢言說計著過惡言說无始妄想言說大慧相言說者所謂執著自分別色相生夢言說者謂夢先所經境界覺已憶念依不實境生計著過惡言說者謂憶念怨讎先所作業生无始妄想言說者以无始戲論妄執習氣生是為四大慧復

作業生无始妄想言說者以无始戲論妄執習氣生是爲四大慧復
言世尊願更爲說言說分別所行之相何處何因云何而起佛言
大慧依頭胷喉鼻脣齶齒舌和合而起大慧復言世尊言說
分別爲異不異佛言大慧非異非不異何以故分別爲因起
言說故若異者分別不應爲因若不異者語言不應顯義是
故非異亦非不異大慧復言世尊爲言說是第一義爲所說是第
一義佛告大慧非言語是亦非所說何以故第一義者是聖樂處因
言而入非即是言第一義者是聖智內自證境言語分別不能顯示
大慧言語者起滅動搖展轉因緣生若展轉緣生於第一義不能顯示
第一義者无自他相言語有相不能顯示第一義者但唯自心種種外相
悉皆无有言語分別不能顯示是故大慧應當遠離言語分別尒時世
尊重說頌言
諸法无自性　亦復无言說　不見空空義　愚夫故流轉　一切法无性　離語言分別
諸有如夢化　非生死涅槃　如王及長者　爲令諸子喜　先示相似物　後賜真實者
我今亦復然　先說相似法　後乃爲其演　自證實際法
尒時大慧菩薩摩訶薩復白佛言世尊願爲我說離一異俱不俱有无非有
无常无常等一切外道所不能行自證聖智所行境界遠離妄計自相共相入

等法離妄計自性自相共相見速證阿耨多羅三藐三菩提普令衆生具
足圓滿一切功德佛言大慧善哉善哉汝哀愍世間請我此義多所利益多
所安樂大慧凡夫无智不知心量妄習為因執著外物分別一異俱不俱有无
非有无常无常等一切自性大慧譬如群獸為渴所逼於熱時燄而生水想迷
惑馳趣不知非水愚癡凡夫亦復如是无始戲論分別所熏三毒燒心樂色境
界見生住滅取内外法墮一異等執著之中大慧如乾闥婆城非城非非城
无智之人无始時来執著城種妄習熏故而作城想外道亦尒以无始来妄習
熏故不能了達自心所現著一異等種種言說大慧譬如有人夢見男女象馬
車步城邑園林種種嚴飾覺已憶念彼不實事大慧汝意云何如是之人
是黠慧不荅言不也大慧外道亦尒惡見所噬不了唯心執著一異有无等
見大慧譬如畫像无高无下愚夫妄見作高下想未来外道亦復如
是惡見熏習妄心增長執一異等自壞壞他於離有无无生之論亦說為
无此謗因果拔善根本應知此人分別有无起自他見當墮地獄欲求勝法
宜速遠離大慧譬如翳目見有毛輪互相謂言此事希有而此毛輪非
有非无見不見故外道亦尒惡見分別執著一異俱不俱等誹謗正法自陷
陷他大慧譬如火輪實非是輪愚夫取著非諸智者外道亦尒惡見樂欲
執著一異俱不俱等一切法生大慧譬如水泡似頗梨珠愚夫執實奔馳而求

陥他大慧譬如火輪實非是輪愚夫取着非諸智者外道亦尒惡見樂欲
執着一異俱不俱等一切法生大慧譬如水泡似頗梨珠愚夫執實奔馳而取
然彼水泡非珠非非珠取不取故外道亦尒惡見分別習氣所熏説非有
為生壞於緣有復次大慧立三種量已於聖智內證離二自性法起有性分
別大慧諸脩行者轉心意識離能所取住如来地自證聖法於有及无不起於
想大慧諸脩行者若於境界起有无執則着我人衆生壽者大慧一切諸
法自相共相是化佛説非法佛説大慧化佛説法但順愚夫所起之
見不為顯示自證聖智三昧樂境大慧譬如水中有樹影現彼非影非非
影非樹形非非樹形外道亦尒諸見所熏不了自心於一異等而生分別
大慧譬如明鏡无有分別隨順衆緣現諸色像彼非像非非像而見像非
像愚夫分別而作像想外道亦尒於自心所現種種形像而執一異俱不俱相
大慧譬如谷響依於風水人等音聲和合而起彼非有非无以聞聲非聲故外
道亦尒自心分別熏習力故起於一異俱不俱見大慧譬如大地无草木處
日光照觸焰水波動彼非有非无以倒想非想故愚癡凡夫亦復如是无始戲
論惡習所熏於聖智自證法性門中見生住滅一異有无俱不俱性大慧譬如
木人及以起屍以毗舍闍機關力故動搖運轉云為不絕无智之人取以為實
愚癡凡夫亦復如是[illegible]

說頌言
諸識蘊有五　猶如水樹影　所見如幻夢　不應妄分別　三有如陽焰　幻夢及毛輪
若能如是觀　究竟得解脫　譬如熱時焰　動轉迷亂心　渴獸取為水　而實无水事
如是識種子　動轉見境界　如翳者所見　愚夫生執著　无始生死中　執著所纏覆
退捨令出離　如因楔出楔　幻呪機所作　浮雲夢電光　觀世恒如是　永斷三相續
此中无所有　如空中陽焰　如是知諸法　則為无所知　諸蘊如毛輪　於中妄分別
唯假施設名　求相不可得　如畫垂髮幻　夢乾闥婆城　火輪熱時焰　實无而見有
如是常无常　一異俱不俱　无始繫縛故　愚夫妄分別　明鏡水淨眼　摩尼妙寶珠
於中現色像　而實无所有　心識亦如是　普現眾色相　如夢空中焰　亦如石女兒
復次大慧諸佛說法離於四句謂離一異俱不俱及有无等建立誹謗大慧諸
佛說法以諦緣起滅道解脫而為其首非與勝性自在宿作自然時微塵等
而共相應大慧諸佛說法為淨惑智二種障故次第令住一百八句无相法中而
善分別諸乘地相猶如商主善道眾人
復次大慧有四種禪何等為四謂愚夫所行禪觀察義禪攀緣真如禪諸如
來禪大慧云何愚夫所行禪謂聲聞緣覺諸脩行者知人无我見自他身骨
鎖相連皆是无常苦不淨相如是觀察堅著不捨漸次增勝至无
想滅定是名愚夫所行禪云何觀察義禪謂知自共相人无我已亦離外

想滅定是名愚夫所行禪云何觀察義禪謂知自共相人无我已亦離外
道自他俱作於法无我諸地相義隨順觀察是名觀察義禪云何攀緣
真如禪謂若分別无我有二是虛妄念若如實知彼念不起是名攀緣
真如禪云何諸如來禪謂入佛地住自證聖智三種樂為諸衆生作不思議
事是名諸如來禪尒時世尊重説頌言
愚夫所行禪　觀察義相禪　攀緣真如禪　如來清淨禪　脩行者在定　觀見日月形
波頭摩深險　虛空火及盡　如是種種相　隨於外道法　亦墮於聲聞　辟支佛境界
捨離此一切　住於无所緣　是則能隨入　如如真實相　十方諸國土　所有无量佛
悉引光明手　而摩是人頂
尒時大慧菩薩摩訶薩復白佛言世尊諸佛如來所説涅槃説何等法名為
涅槃佛告大慧一切識自性習氣及藏識意意識見習轉已我及諸佛説名
涅槃即是諸法性空境界復次大慧涅槃者自證聖智所行境界遠離斷
常及以有无云何非常謂離自相共相諸分別故云何非斷謂去來現在一切
聖者自證智所行故復次大慧大般涅槃不壞不死若死者應更受生若壞
者應是有為是故涅槃不壞不死諸脩行者之所歸趣復次大慧无捨
无得故非斷非常故不一不異故説名涅槃復次大慧聲聞緣覺知自

性相者以无始戲論執著言說習氣故起執著諸法自性相者以不覺自心所
現故起復次大慧諸佛有二種加持持諸菩薩令頂礼佛足請問衆義
云何為二謂令入三昧及身現其前手灌其頂大慧初地菩薩摩訶薩蒙
諸佛持力故入菩薩大乘光明定入已十方諸佛普現其前身語加持如金剛
藏及餘成就如是功德相菩薩摩訶薩者是大慧此菩薩摩訶薩蒙佛持
力入三昧已於百千劫集諸善根漸入諸地善能通達治相至法雲地處大
蓮花微妙宮殿坐於寶座同類菩薩所共圍繞首戴寶冠身如黃金薝蔔
花色如盛滿月放大光明十方諸佛舒蓮花手於其座上而灌其頂如轉輪
王太子受灌頂已而得自在此諸菩薩亦復如是是名為二諸菩薩
摩訶薩為二種持之所持故即能親見一切諸佛異則不能復次大慧
諸菩薩摩訶薩入於三昧現通說法如是一切皆由諸佛二種持力大慧若
諸菩薩離佛加持能說法者則諸凡夫亦應能說大慧山林草樹城郭宮
殿及諸樂器如來至處以佛持力尚演法音況有心者聾盲瘖瘂離苦解
脫大慧如來持力有如是等廣大作用大慧菩薩復白佛言何故如來以其
持力令諸菩薩入於三昧及殊勝地中手灌其頂佛言大慧為欲令其遠
離魔業諸煩惱故為令不墮聲聞地故為令速入如來地故令所得法倍增

離魔業諸煩惱故爲令不墮聲聞地故爲令速入如來地故令所得法倍增
長故是故諸佛以加持力持諸菩薩大慧若不如是彼諸菩薩便墮外道
及以聲聞魔境之中不能得无上菩提是故如來以加持力攝諸菩薩尒
時世尊重說頌言
世尊清淨願　有大加持力　初地十地中　三摩地灌頂
尒時大慧菩薩摩訶薩復白佛言世尊佛說緣起是由作起非自性起
外道亦說勝性自在時我微塵生於諸法今佛世尊但以異名說作緣起非
義有別世尊外道亦說以作者故從无生有世尊亦說以因緣故一切諸法本
无而生生已謝滅如佛所說无明緣行乃至老死此說无因非說有因世尊
說言此有故彼有若一時建立非次第相待者其義不成是故外道
說勝非如來也何以故外道說因不從緣生而有所生世尊所說果
待於因因復待因如是展轉成无窮過又此有故彼有者則无有因
佛言大慧我了諸法唯心所現无能取所取說此有故彼有非是无因及
因緣過失大慧若不了諸法唯心所現計有能取及以所取執著外境若有
若无彼有是過非我所說大慧菩薩復白佛言世尊有言說故必有諸法
若无諸法言依何起佛言大慧雖无諸法亦有言說豈不現見龜毛兔角石女兒
等世人於中皆起言說大慧彼非有非非有有言說耳大慧如汝所說有言說

欲憶念動搖以如是等而顯於法大慧如不瞬世界妙香世界及普賢
如来佛土之中但瞪視不瞬令諸菩薩獲无生法忍及諸勝三昧大慧非由言
說而有諸法此世界中蠅蟻等蟲雖无言說成自事故尒時世尊重說
頌言
如虛空兔角　及與石女兒　无而有言說　妄計法如是　因緣和合
愚夫妄謂生　不能如實解　流轉於三有
尒時大慧菩薩摩訶薩復白佛言世尊所說常聲依何處說佛言大慧依妄法說
以諸妄法聖人亦現然不顛倒大慧譬如陽焰火輪垂髮乾闥婆城夢幻鏡像
世无智者生顛倒解有智不然非不現大慧妄法現時无量差別然非无常
何以故離有无故云何離有无一切愚夫種種解故如恒河水有見不見餓鬼
不見不可言有餘所見故不可言无聖於妄法離顛倒見大慧妄法是常相
不異故非諸妄法有差別相以分別故而有別異是故妄法其體是常大慧云
何而得妄法真實謂諸聖者於妄法中不起顛倒非顛倒覺若於妄法有少
分想則非聖智有分想者當知則是愚夫戲論非聖言說大慧若分別妄
法是倒非倒彼則成就二種種性謂聖種性凡夫種性大慧聖種性者彼復三種
謂聲聞緣覺佛乘別故大慧云何愚夫分別妄法生聲聞乘種性所謂計著自
相共相大慧何謂復有愚夫分別妄法成緣覺乘種性謂即執著自共相時離
於憒鬧大慧何謂聖人分別妄法而得成就佛乘種性所謂[illegible]

相共相大慧何謂復有愚夫分別妄法成緣覺乘種性謂即執著自共相時離
於憒閙大慧何謂智人分別妄法而得成就佛乘種性所謂了達一切唯是自心分
別所見无有外法大慧有諸愚夫分別妄法種種事物決定如是決定不異此則
成就生死乘性大慧彼妄法中種種事物非即是物亦非非物大慧即彼妄法諸聖
智者心意意識諸惡習氣自性法轉依故即說此妄名為真如是故真如離於心識
我今明了顯示此句離分別者悉離一切諸分別故大慧菩薩白言世尊所說妄法
為有為无佛言如幻无執著相故若執著相體是有者應不可轉則諸緣起應
如外道說作者生大慧又言若諸妄法同於幻者此則當與餘妄作因佛言大慧
非諸幻事為妄惑因以幻不生諸過惡故以諸幻事无分別故大慧夫幻事者從
他呪術而得生起非自分別過習力起是故幻事不生過惡大慧此妄惑法唯是愚
夫心所執著非諸聖者尒時世尊重說頌言
聖不見妄法　中間亦非實　以妄即真故　中間亦真實　若離於妄法　而有相生者
此還即是妄　如翳未清淨　復次大慧見一切法非幻无有相似故說一
切法如幻大慧言世尊為依執著種種幻相言一切法猶如幻邪為異此依執著
顛倒相邪若依執著種種幻相言一切法猶如幻者世尊非一切法悉皆如幻何
以故見種種色相不无因故世尊都无有因令種種色相顯現如幻是故世尊不

即滅世間凡愚悉皆現見一切諸法依自分別自相共相現亦復如是以不能觀
察无所有故而妄計著種種色相尒時世尊重說頌言
非幻无相似　亦非有諸法　不實速如電　如幻應當知
尒時大慧菩薩摩訶薩
復白佛言世尊如佛先說一切諸法皆悉无生又言如幻將非所說前後相違佛言大慧
无有相違何以故我了於生即是无生唯是自心之所見故若有若无一切外法見其无
性本不生故大慧為離外道因生義故我說諸法皆悉不生大慧外道群聚共興惡見
言從有无生一切法非自執著分別為緣大慧我說諸法非有无生故名无生大慧說
諸法者為令弟子知依諸業攝受生死遮其无有斷滅見故大慧說諸法相猶如幻
者令離諸法自性相故為諸凡愚墮惡見欲不知諸法唯心所現為令遠離執
著因緣生起之相說一切法如幻如夢彼諸愚夫執著惡見欺誑自他不能明
見一切諸法如實住處大慧一切法如實處者謂能了達唯心所現尒時世尊
重說頌言
无作故无生　有法攝生死　了達如幻等　於相不分別
復次大慧我當說名句文身相諸菩薩摩訶薩善觀此相了達其義疾得阿
耨多羅三藐三菩提復能開悟一切衆生大慧名身者謂能顯義決定究竟
是名句身文身者謂由於此能成名句是名文身復次大慧句身者謂句事究竟
名身者謂諸字名各各差別如從阿字乃至呵字文身者謂長短高下復次
句身者如足跡如衢巷中人畜等跡名謂非色四蘊以名說故文謂名之自相

名身者謂諸字名各各差別如從阿字乃至呵字文身者謂長短高下復次
句身者如足跡如衢巷中人畜等跡名謂非色四蘊以名說故文謂名之自相由文
顯故是名名句文身此名句文身相汝應脩學尒時世尊重說頌言
名身與句身　及文身差別　凡愚所討著　如象溺深泥　復次大慧未來世
中有諸邪智惡尋伺者離如實法以見一異俱不俱問諸智者彼即答言此
非正問謂色與无常為異為不異如是涅槃諸行相所相依造所造見所見
地與微塵智與智者為異為不異如是等不可記事次第而問世尊說此當止記
答愚夫无智非所能知佛欲令其離驚怖處不為記說大慧不記說者欲令外道
永得出離作者見故大慧諸外道衆計有作者作如是說命即是身命異身
異如是等說名无記論大慧外道癡惑說无記論非我教中大慧我教中說離能
所取不起分別云何可止大慧若有執著能取不了唯是自心所見彼應可止大慧
諸佛如來以四種記論為衆生說法大慧止記論者我別時說以根未熟且止說故
復次大慧何故一切法不生以離能作所作无作者故何故一切法无自性以證智觀自相共
相不可得故何故一切法无来去以自共相来无所從去无所至故何故一切法不滅
謂一切法无性相故不可得故何故一切法无常謂諸相起无常性故何故一切法常
謂諸相起即是不起无所有故无常性常是故我說一切法常尒時世尊重說

尒時大慧菩薩摩訶薩復白佛言世尊願為我說須陁洹須陁
洹行差別相我及諸菩薩摩訶薩聞是義故於須陁洹斯陁含阿那含阿羅
漢方便相皆得善巧如是而為衆生演說令其證得二无我法淨除二障於
諸地相漸次通達獲於如來不可思議智慧境界如衆色摩尼普令衆生悉
得饒益佛言諦聽當為汝說大慧言唯佛言大慧諸須陁洹須陁洹果差別
有三謂下中上大慧下者於諸有中極七反生中者三生五生上者即於
此生而入涅槃大慧此三種人斷三種結謂身見疑戒禁取上上勝進得阿
羅漢果大慧身見有二種謂俱生及分別如依緣起有妄計性大慧譬如依
心緣起性故種種妄計執著性生彼法但是妄分別相非有非无非亦有亦
无凡夫愚癡而橫執著猶如渴獸妄生水想此分別身見无智慧故久遠相應
見人无我即時捨離大慧俱生身見以普觀察自他之身受等四蘊无色相故
色由大種而得生故是諸大種互相因故色不集故如是觀已明見有无即時捨
離捨身見故貪則不生是名身見相大慧疑相者於所證法善見相故及先二種
身見分別斷故於諸法中疑不得生亦不於餘生大師想為淨不淨是名疑
相大慧何故須陁洹不取戒禁謂以明見生處苦相是故不取夫其取者謂諸
凡愚於諸有中貪著世樂苦行持戒願生於彼須陁洹人不取是相唯求所

相大慧何故須陁洹不取戒禁謂以明見生處苦相是故不取其取者言
凡愚於諸有中貪著世樂苦行持戒願生於彼須陁洹人不取是相唯求所
證冣勝无漏无分别法脩行戒品是名戒禁取相大慧須陁洹人捨三結故離貪
瞋癡大慧白言貪有多種捨何等貪佛言大慧捨於女色纏綿貪欲見此現
樂生来苦故又得三昧殊勝樂故是故捨彼非涅槃貪大慧云何斯陁
含果謂不了色相起色分别一往来已善脩禪行盡苦邊際而般涅
槃是名斯陁含大慧云何阿那含果謂於過未現在色相起有无見分别過
惡隨眠不起永捨諸結更不還来是名阿那含大慧阿羅漢者謂諸禪三昧解
脫力通悉已成就煩惱諸苦分别永盡是名阿羅漢大慧言世尊阿羅漢有三種謂
一向趣寂退菩提願佛所變化此說何者佛言大慧此說趣寂非是其餘大慧餘
二種人謂已曾發巧方便願及為莊嚴諸佛衆會於彼亦生大慧於虛空處說
種種法所謂證果禪者及禪皆性離故自心所得相故大慧若須陁洹作如是
念我離諸結則有二過謂隨我見及諸結不斷復次大慧若欲超過諸禪无量
无色界者應離自心所見諸相大慧想受滅三昧超自心所見境者不然不離心
故尒時世尊重說頌言
諸禪與无量　无色三摩提　及以想受滅
唯心不可得　預流一来果　不還阿羅漢　如是諸聖人　悉依心妄有　禪者禪所緣
斷惑見真諦　此皆是妄想　了知即解脫

四句是故說言一切法離大慧如是觀法汝應脩學云何取相分別執著建立智謂
於堅濕煖動諸大種性取相執著虛妄分別以宗因喻而妄建立是名取相分別執
著建立智是名二種覺智相菩薩摩訶薩知此智相即能通達人法无我以
无相智於解行地善巧觀察入於初地得百三昧以勝三昧力見百佛百菩
薩知前後際各百劫事光明照曜百佛世界善能了知上上地相以勝願力
變現自在至法雲地而受灌頂入於佛地十无盡願成就衆生種種應現无
有休息而恒安住自覺境界三昧勝樂復次大慧菩薩摩訶薩當善了知
大種造色云何了知大慧菩薩摩訶薩應如是觀彼諸大種真實不生以諸
三界但是分別唯心所見无有外物如是觀時大種所造悉皆性離超過四句
无我我所住如實處成无生相大慧彼諸大種云何造色大慧謂虛妄分別
津潤大種成內外水界炎盛大種成內外火界飄動大種成內外風界色分段大種
成內外地界離於虛空由執著邪諦五蘊聚集大種造色生大慧識者以執著
種種言說境界爲因起故於餘趣中相續受生大慧地等造色有大種
因非四大種爲大種因何以故謂若有法有形相者則是所作非无形者大慧
此大種造色相外道分別非是我說
復次大慧我今當說五蘊體相謂色受想行識大慧色謂四大及所造色此

BD00809-3　大乘入楞伽經卷三

此大種造色相外道分別非是我説
復次大慧我今當說五蘊體相謂色受想行識大慧色謂四大及所造色此
各異相受等非色大慧非色諸蘊猶如虛空无有四數大慧譬如虛空超過
數相然分別言此是虛空非色諸蘊亦復如是離諸數相離有无等四種句
故數相者愚夫所說非諸聖者諸聖但說如幻所作唯假施設離異不異如
夢如像无別所有不了聖智所行境故見有諸蘊分別現前是名諸蘊自
性相大慧如是分別汝應捨離此已說寂靜法斷一切剎諸外道見淨法
无我入遠行地成就无量自在三昧獲意生身如幻三昧力通自在皆悉
具足猶如大地普益群生　復次大慧涅槃有四種何等為四謂
諸法自性无性涅槃種種相性无性涅槃覺自相性无性涅槃斷諸蘊自共
相流注涅槃大慧此四涅槃是外道義非我所說大慧我所說者分別尒
炎識滅名為涅槃大慧言世尊豈不建立八種識耶佛言建立大慧言若建
立者云何但說意識滅非七識滅佛言大慧以彼為因及所緣故七識得生大慧
意識分別境界起執著時生諸習氣長養藏識由是意俱我我所執思
量隨轉无別體相藏識為因為所緣故執著自心所現境界心聚生起展
轉為因大慧譬如海浪自心所現境界風吹而有起滅是故意識滅時七識亦
滅尒時世尊重說頌曰
　我不以自性　及以於作相　分別境識滅　如是說涅槃

復次大慧我今當說妄計自性差別相令汝及諸菩薩摩訶薩善知此義超諸
妄想證聖智境知外道法遠離能取所取分別於依他起種種相中不更取著妄
所計相大慧云何妄計自性差別相所謂言說分別所說分別相分別財
分別自性分別因分別見分別理分別生分別不生分別相屬分別
縛解分別大慧此是妄計自性差別相云何言說分別謂執著種種
美妙音詞是名言說分別云何所說分別謂執有所說事是聖
智所證境依此起說是名所說分別云何相分別謂即於彼所說事
中如渴獸想分別執著堅濕煖動等一切諸相是名相分別云何財分別
謂取著種種金銀等寶而起言說是名財分別云何自性分別謂以惡
見如是分別此自性決定非餘是名自性分別云何因分別謂於因緣分
別有无以此因相而能生故是名因分別云何見分別謂諸惡見執著
有无一異俱不俱等是名見分別云何理分別謂有執著我我所相而起
言說是名理分別云何生分別謂計諸法若有若无從緣而生是名生
分別云何不生分別謂計一切法本來不生未有諸緣而先有體不從因
起是名不生分別云何相屬分別謂此與彼遞相繫屬如針與線是名相
屬分別云何縛解分別謂執因能縛而有所縛如人以繩方便力故

BD00809-3　大乘入楞伽經卷三

愚分別云何縛解分別謂執因能縛而有所縛如人以繩方便力故
縛已復解是名縛解分別大慧此是妄計性差別相一切凡愚於
中執著若有若无大慧於緣起中執著種種妄計自性如依
於幻見種種物凡愚分別見異於幻大慧幻與種種非異非不異若
異者應幻非種種因若一者幻與種種應无差別然見差別是故
非異非不異大慧汝及諸菩薩摩訶薩於幻有无不應生著
尒時世尊重說頌言
心為境所縛　覺想智隨轉　无相最勝處　平等智慧生　在妄計是有
於緣起則无　妄計迷惑取　緣起離分別　種種支分生　如幻不成就　雖現種種相
妄分別則无　彼相即是過　皆從心縛生　妄計者不了　分別緣起法　此諸妄計性
皆即是緣起　妄計有種種　緣起中分別　世俗第一義　第三无因生　妄計是世俗
斷則聖境界　如脩觀行者　於一種種現　於彼无種種　妄計相如是　如目種種翳
妄想見衆色　彼无色非色　不了緣起然　如金離塵垢　如水離泥濁　如虛空无雲
妄想淨如是　无有妄計性　而有於緣起　建立及誹謗　斯由分別壞　若无妄計性
而有緣起者　无法而有法　有法從无生　依因於妄計　而得有緣起　相名常相隨
而生於妄計　以緣起依妄　究竟不成就　是時現淨清　名為第一義　妄計有十二

无緣无妄計　真實中无物　云何起分別　圓成若是有　此則離有无　既已離有无
云何有二性　妄計有二性　二性是安立　分別見種種　清淨聖所行　妄計種種相
緣起中分別　若異此分別　則墮外道論　以諸妄見故　妄計於妄計　離此二計者
則爲真實法

大慧菩薩摩訶薩復白佛言世尊唯願爲說自證聖智行相及一乘行相我及諸菩薩摩訶薩得此善巧於佛法中不由他悟佛言諦聽當爲汝說大慧言唯佛言大慧菩薩摩訶薩依諸聖教无有分別獨處閑靜觀察自覺不由他悟離分別見上上昇進入如來地如是脩行名自證聖智行相云何名一乘行相謂得證知一乘道故云何名爲知一乘道謂謂得證知離能取所取分別如實而住大慧此一乘道唯除如來非外道二乘梵天王等之所能得大慧白言世尊何故說有三乘不說一乘佛言大慧聲聞緣覺无自般涅槃法故說我一乘以彼依如來所說調伏遠離如是脩行而得解脫非自所得又彼未能除滅智障及業習氣未覺法无我未名不思議變易死是故我說以爲三乘若彼能除一切過習覺法无我是時乃離三昧所醉於无漏界而得覺悟既覺悟已於出世上上无漏界中脩諸功德普使滿足獲不思議自在法身爾時世尊重說頌言

中脩諸功德普使滿足得不思議自在法身尒時世尊重說頌言

天乘及梵乘　聲聞緣覺乘　諸佛如來乘　諸乘我所說　乃至有心起
諸乘未究竟　彼心轉滅已　无乘及乘者　无有乘建立　我說為一乘
為攝愚夫故　說諸乘差別　解脫有三種　謂離諸煩惱　及以法无我
平等智解脫　譬如海中木　常隨波浪轉　聲聞心亦然　相風所漂激
雖滅起煩惱　猶被習氣縛　三昧酒所醉　住於无漏界　彼非究竟趣
亦復不退轉　以得三昧身　乃至劫不覺　譬如昏醉人　酒消然後悟
聲聞亦如是　覺後當成佛

大乘入楞伽經卷第三

大乘入伽經无常品第三之一　卷四　新譯

尒時佛告大慧菩薩摩訶薩言今當為汝說意成身差別相諦聽諦聽善思念之大慧言唯佛言大慧意成身有三種何者為三謂入三昧樂意成身覺法自性意成身種類俱生无作行意成身諸脩行者入初地已漸次證得大慧云何入三昧樂意成身謂三四五地入於三昧離種種心寂然不動心海不起轉識波浪了境心現皆无所有是名入三昧樂意成身

相具足莊嚴普入佛刹了諸法性是名覺法自性意成身云何種類俱生无作行意成身
謂了達諸佛自證法相是名種類俱生无作行意成身大慧三種身相當勤觀察尒
時世尊重說頌言　我大乘非乘　非聲亦非字　非諦非解脫　亦非无相境
然乘摩訶衍　三摩提自在　種種意成身　自在花莊嚴　尒時大慧菩薩摩訶薩
復白佛言世尊如世尊說五无間業何者為五若人作已墮阿鼻獄佛言諦聽當為汝說大
慧言唯佛告大慧五无間者所謂殺母殺父殺阿羅漢破和合僧懷惡逆心出佛身血大慧
何者為衆生母謂引生愛與貪喜俱如母養育何者為父所謂无明令生六處聚落中
故斷二根本名殺父母云何殺阿羅漢謂隨眠為怨如鼠毒發究竟斷彼是故說名殺阿
羅漢云何破和合僧謂諸蘊異相和合積聚究竟斷彼名為破僧云何惡心出佛身
血謂八識身妄生思覺見自心外自相共相以三解脫无漏惡心究竟斷彼八識身佛名為惡
心出佛身血大慧是為內五无間若有作者无間即得現證實法復次大慧今為汝說外五无間
令汝及餘菩薩聞是義已於未來世不生疑惑云何外五无間謂餘教中所說无間若有作者於三
解脫不能現證唯除如來諸大菩薩及大聲聞見其有造无間業者為欲勸發令其改過
以神通力示同其事尋即悔除證於解脫此皆化現非是實造若有實造无間業者終
无現身而得解脫唯除覺了自心所現身資所住離我我所分別執見或於來世餘處受生
遇善知識離分別過方證解脫尒時世尊重說偈言　貪愛名為母　无明則是父
識了於境界　此則名為佛　隨眠阿羅漢　蘊聚和合僧　斷彼无餘間　是名无間業
尒時大慧菩薩摩訶薩復白佛言世尊願為我說諸佛體性佛言大慧覺二无我除二種
障離二種死斷二煩惱是佛體性大慧聲聞緣覺得此法已亦名為佛我以是義但說一

尒時大慧菩薩摩訶薩復白佛言世尊願爲我說諸佛體性佛言大慧覺二无我除二種
障離二種死斷二煩惱是佛體性大慧聲聞緣覺得此法已亦名爲佛我以是義但說一
乘尒時世尊重說頌言　善知二无我　除二障二惱　及不思議死　是故名如來
尒時大慧菩薩摩訶薩復白佛言世尊如來以何密意於大衆中唱如是言我是過去一切
如來應正等覺依四平等秘密意故於大衆中作如是言我於昔時作拘留孫佛拘那含牟
尼佛迦葉佛云何爲四所謂字平等語平等身平等法平等云何字平等謂我名佛一切如
來亦名爲佛佛名无別是謂字等云何語平等謂我作六十四種梵音聲語一切如來亦作
此語迦陵頻伽梵音聲性不增不減无有差別是名語等云何身平等謂我與諸佛法
身色相及隨形好等无差別除調伏種種衆生現隨類身是謂身等云何法平等謂
我與諸佛皆同證得卅七種菩提分法是謂法等是故如來應正等覺於大衆中作如是說
尒時世尊重說頌言　迦葉拘留孫　拘那含是我　依四平等故　爲諸佛子說
尒時大慧菩薩摩訶薩復白佛言世尊如世尊說我於某夜成最正覺乃至某夜當入涅
槃於其中間不說一字亦不已說亦不當說亦不今說不說是佛說世尊依何密意作如是語佛
言大慧依二密法故作如是說云何二法謂自證法及本住法云何自證法謂諸佛所證我
亦同證不增不減證智所行離言說相離分別相離名字相云何本住法謂法本性如金等在
鑛若佛出世若不出世法住法位法界法性皆悉常住大慧譬如有人行曠野中見向古城
平坦舊道即便隨入止息遊戲大慧於汝意云何彼作是道及以城中種種物耶白言不也佛
言大慧我及諸佛所證真如常住法性亦復如是是故說言始從成佛乃至涅槃於其中

尒時大慧菩薩摩訶薩復白佛言世尊願說一切法有无相令我及諸菩薩摩訶
薩離此相疾得阿耨多羅三藐三菩提佛言諦聽當為汝說大慧言唯佛言大慧世間衆生多
墮二見謂有見无見墮二見故非出出想云何有見謂實有因緣而生諸法非不實有實
有諸法從因緣生非无法生大慧如是說者則說无因云何无見謂知受貪瞋癡已而妄計言
无大慧及彼分別有相而不受諸法有復有知諸如來聲聞緣覺无貪瞋癡性而計為非有
此中誰為壞者大慧白言謂有貪瞋癡性後取於无名為壞者佛言善哉汝解我問此人非止
无貪瞋癡名為壞者亦壞如來聲聞緣覺何以故煩惱內外不可得故體性非異非不
異故大慧貪瞋癡性若內若外皆不可得无體性故无可取故聲聞緣覺及以如來本性
解脫无有能縛及縛因故大慧若有能縛及以縛因則有所縛作如是說名為壞者是為
无有相我依此義密意而說寧起我見如須弥山不起空見懷增上慢若起此見名為壞
者墮自共見樂欲之中不了諸法惟心所現以不了故見有外法剎那无常展轉差別蘊
界處相相續流轉起已還滅虛妄分別離文字相亦成壞者尒時世尊重說頌言

有无是二邊　乃至心所行　淨除彼所行　平等心寂滅　不取於境界　非滅无所有
有真如妙物　如諸聖所行　本无而有生　生已而復滅　因緣有及无　彼非住我法
非外道非佛　非我非餘衆　能以緣成有　云何而得无　誰以緣成有　而復得言无
惡見說為生　妄想計有无　若知无所生　亦復无所滅　觀世悉空寂　有无二俱離

尒時大慧菩薩摩訶薩復請佛言世尊唯願為說宗趣之相令我及諸菩薩摩訶薩善
達此義不隨一切衆邪妄解疾得阿耨多羅三藐三菩提佛言諦聽當為汝說大慧言唯佛言大

BD00809-4　大乘入楞伽經卷四

達此義不隨一切衆邪妄解疾得阿耨多羅三藐三菩提佛言諦聽當為汝說大慧言唯佛言大
慧一切二乘及諸菩薩有二種宗法相何等為二謂宗趣法相言說法相宗趣法相者謂自所證
殊勝之相離於文字語言分別入无漏界成自他行超過一切不思議覺伏魔外道生智慧光是名
宗趣法相言說法相者謂說九部種種教法離於一異有无等相以巧方便隨衆生心令入此法是名言
說法相汝及餘菩薩當勤修學尒時世尊重說頌言　宗趣與言說　自證及教法
若能善知見　不隨他妄解　如愚所分別　非是真實相　彼豈不求度　无法而可得
觀察諸有為　生滅等相續　增長於二見　顛倒无所知　涅槃離心意　唯此一法實
觀世虛妄　如幻夢芭蕉　无有貪恚癡　亦復无有人　從愛生諸蘊　如夢之所見
尒時大慧菩薩摩訶薩復白佛言世尊願為我說虛妄分別相此虛妄分
別云何而生是何而生因何而生誰之所生何故名為虛妄分別佛言大慧善
哉善哉汝為哀愍世間天人而問此義多所利益多所安樂諦聽諦聽善
善思念之當為汝說大慧言唯佛言大慧一切衆生於種種境不能了
達自心所現計能所取虛妄執著起諸分別墮有无見增長外道妄見
習氣心心所法相應起時執有外義種種可得計著於我及以我所
是故名為虛妄分別大慧白言若如是者外種種義性離有无起諸見相世
尊第一義諦亦復如是離諸根量宗因譬喻世尊何故於種種義言起分別第
一義中不言起耶將无世尊所言乖理一處言起一不言故世尊又說虛妄分別墮有
无見譬如幻事種種非實分別亦尒有无相離云何而說墮二見耶此說豈不墮於

我我所一切見著離作所作諸惡因緣覺唯心故轉其意樂善明諸地入佛境界
捨五法自性諸分別見是故我說虛妄分別執著種種自心所現境界生如實了
知則得解脫尒時世尊重說頌言　諸因及與緣　從此生世間　與四句相應
不知於我法　世非有无生　亦非俱不俱　云何諸愚夫　分別因緣起　非有亦非无
亦復非有无　如是觀世間　心轉證无我　以從緣生故　諸緣之所作
所作法非生　果不自生果　有二果失故　无有二果故　非有性可得　觀諸有為法
離能緣所緣　決定唯是心　故我說心量　量之自性處　緣法二俱離　究竟妙淨事
我說名心量　施設假名我　而實不可得　諸蘊蘊假名　亦皆无實事　有四種平等
相因及所生　无我為第四　修行者觀察　離一切諸見　及能所分別　无得亦无生
我說是心量　非有亦非无　有无二俱離　如是心亦離　我說是心量　真如空實際
涅槃及法界　種種意成身　我說是心量　妄想習氣縛　種種從心生　衆生見為外
我說是心量　外所見非有　而心種種現　身資及所住　我說是心量
尒時大慧菩薩摩訶薩復白佛言世尊如來說言如我所說汝及諸菩薩不應依語而取
其義世尊何故不應依語取義云何為語云何為義佛言諦聽當為汝說大慧言唯佛言大
慧語者所謂分別習氣而為其因依於喉舌脣齶齒輔而出種種音聲文字相對談
說是名語云何為義菩薩摩訶薩住獨一靜處以聞思修慧唯觀察向涅槃道自智境
界轉諸習氣行於諸地種種行相是名為義復次大慧菩薩摩訶薩善於語義知語與義
不一不異義之與語亦復如是若義異語則不應因語而顯於義而因語見義如燈照色大

[illegible]種種行相是名為義　復次大慧菩薩摩訶薩善於語義知語與義
不一不異義之與語亦復如是若義異語則不應因語而顯於義而因語見義如燈照色大
慧譬如有人持燈照物知此物如是在如是處菩薩摩訶薩亦復如是因語言燈入離言說
自證境界復次大慧若有於不生不滅自性涅槃三乘一乘五法諸心自性等中如言取義
則墮建立及誹謗見以異於彼起分別故如見幻事計以為實是愚夫見非賢聖也尒時
世尊重說頌言　若隨言取義　建立於諸法　以彼建立故　死墮地獄中　蘊中无有我
非蘊即是我　不如彼分別　亦復非无有　如愚所分別　一切皆有性　若如彼所見
皆應見真實　一切染淨法　悉皆无體性　不如彼所見　亦非无所有
復次大慧我當為汝說智識相汝及諸菩薩摩訶薩若善了知智識之相則能疾得阿
耨多羅三藐三菩提大慧智有三種謂世間智出世間智出世間上上智云何世間智謂一
切外道凡愚計有无法云何出世間智謂一切二乘著自共相云何出世間上上智謂諸佛菩
薩觀一切法皆无有相不生不滅非有非无證法无我入如來地大慧復有三種智謂知
自相共相智知生滅智知不生不滅智復次大慧生滅是識不生滅是智墮相无相及以
有无種種相因是識離相无相及有无因是智有積集相是識无積集相是智著境
界相是識不著境界相是智三和合相應生是識无㝵相應自性相是智有得相是
識无得相是智證自聖智所行境界如水中月不入不出故尒時世尊重說頌言
積集業為心　觀察法為智　慧能證无相　逮自在威光　境界縛為心　覺想生為智
无相及增勝　智慧於中起　心意及與識　離諸分別想　得无分別法　佛子非聲聞
寂滅殊勝忍　如來清淨智　生於善勝義　遠離諸所行　我有三種智　聖者能明照

變相應轉變見轉變生轉變物轉變緣明了轉變所作明了轉變是為九一切外道因
是見故起有无轉變論此中形轉變者謂形異見譬如以金作莊嚴具環釧
瓔珞種種不同形狀有殊金體无易一切法變亦復如是諸餘外道種種計著皆非如
是亦非別異但分別故一切轉變如是應知譬如乳酪酒果等熟外道言此皆有轉變而實无
有若有若无自心所見无外物故如此皆是愚迷凡夫從自分別習氣而起實无一法若生
若滅如因幻夢所見諸色如石女兒說有生死尒時世尊重說頌言　形處時轉變
大種及諸根　中有漸次生　妄想非明智　諸佛不分別　緣起及世間　但諸緣世間
如乾闥婆城　尒時大慧菩薩摩訶薩復白佛言世尊唯願如來為我解說於一切法深
密義及解義相令我及諸菩薩摩訶薩善知此法不墮如言取義深密執著離文字語
言虛妄分別普入一切諸佛國土力通自在揔持所印覺惠善住十无盡願以无功用種種變
現光明照曜如日月摩尼地水火風住於諸地離分別見知一切法如幻如夢入如來位普化衆生
知諸法虛妄不實離有无品斷生滅執不著言說令轉所依佛言諦聽當為汝說大慧於
一切法如言取義執著深密其數无量所謂相執著緣執著有非有執著生非生執著
滅非滅執著乘非乘執著為无為執著地地自相執著自分別現證執著外宗有无品執
著三乘一乘執著大慧此等密執有无量種皆是凡愚自分別執而密執著此諸分別如蠶
作繭以妄想絲自纏纏他執著有无欲樂堅密大慧此中實无密非密相以菩薩摩
訶薩見一切法住寂靜故无分別故若了諸法唯心所見无有外物皆同无相隨順觀察於
若有若无分別密執悉見寂靜是故无有密非密相大慧此中无縛亦无有解不了實

若有若无分別密執悉見所靜是故无有密非密相大慧此中无縛亦无有解不了實
者見縛解耳何以故一切諸法若有若无求其體性不可得故復次大慧愚癡凡夫有三
種密縛謂貪瞋癡及愛未來生與貪喜俱以此密縛令諸衆生續生五趣密縛若斷是則
无有密非密相復次大慧若有執着三和合緣諸識密縛次第而起有執着故則有密
縛若見三解脫離三和合識一切諸密皆悉不生尒時世尊重說頌言
不實妄分別　是名爲密相　若能如實知　諸密網皆斷　凡愚不能了　隨言而取義
譬如蠶處繭　妄想自纏縛　尒時大慧菩薩摩訶薩復白佛言世尊如世尊說由種種心分
諸法非諸法有自性此但妄計耳世尊若但妄計无諸法者染淨諸法將无悉壞佛言大慧如
是如是如汝所說一切凡愚分別諸法而諸法性非如是有此但妄執无有性相然諸聖者以聖
慧眼如實知見有諸法自性大慧白言若諸聖人以聖慧眼見有諸法性非天眼肉眼不同凡愚
之所分別云何凡愚得離分別不能覺了諸聖法故世尊彼非顛倒非不顛倒何以故不見
聖人所見法故聖見遠離有无相故聖亦不如凡所分別如是得故非自所行境界相故彼亦
見有諸法性相如妄執性而顯現故不說有因及无因故墮於諸法性相見故世尊　其、
餘境界既不同此如是則成无窮之失孰能於法了知性相世尊諸法性相不因分別云何
而言以分別故而有諸法世尊分別相異諸法相異因不相似云何諸法而由分別復以何故
凡愚分別不如是有而作是言爲令衆生捨分別故說如分別所見法相无如是法世尊何
故令諸衆生離有无見所執著法而復執着聖智境界墮於有見何以故不說寂靜空
无之法而說聖智自性事故佛言大慧我非不說寂靜空法墮於有見何以故已　說
聖智自性事故我爲

如實知見法自性了聖境界遠離有无一切諸著復次大慧菩薩摩訶薩不應成立一切
諸法皆悉不生何以故一切諸法本无有故及彼宗因生相故復次大慧一切法不生此言自壞
何以故彼宗有待而生故又彼宗即入一切法中不生相亦不生故又彼宗諸分而成故又
彼宗有无法皆不生此宗即入一切法中有无相亦不生故是故一切法不生此宗 自
壞不應如是立諸分多過故展轉因異相故如不生一切法空无自性亦如是大慧菩
薩摩訶薩應說一切法如幻夢見不見故一切皆是惑亂相故除為愚夫而生恐
怖大慧凡夫愚癡墮有无見莫令於彼而生驚恐遠離大乘尒時世尊重說偈言
无自性无說　无事无依處　凡愚妄分別　惡覺如死屍　一切法不生　外道所成立
以彼所有生　非緣所成故　非緣所成故　一切法不生　智者不分別　彼宗因生故
此覺則便壞　譬如目有翳　妄想見毛輪　諸法亦如是　凡愚妄分別　三有唯假名
无有實法體　由此假施設　分別妄計度　假名諸事相　動亂於心識　佛子悉超過
遊行无分別　无水取水相　斯由渴愛起　凡愚見法尒　諸聖則不然　聖人見清淨
生於三解脫　遠離於生滅　常行无相境　脩行无相境　亦復无有无　有无悉平等
是故生聖果　云何法有无　云何成平等　若心不了法　内外斯動亂　了已則平等
亂相尒時滅　尒時大慧菩薩摩訶薩復白佛言世尊如佛所說若知境界但是假名
都不可得則无所取无所取故亦无能取能取所取二俱无故不起分別說名為智世尊何故
彼智不得於境為不能了一切諸法自相共相一異義故言不得耶為以諸法自相共相種
種不同更相隱蔽而不得耶為山巖石壁簾幔帷障之所覆隔而不得耶為極遠極近

種不同更相隱蔽而不得邪為山巖石壁簾幔帷障之所覆障而不得邪為極遠極近
老小盲冥諸根不具而不得邪若不了諸法自相共相一異義故言不得者此不名智應是无
智以有境界而不知故若以諸法自相共相種種不同更相隱蔽而不得者此亦非智以知
於境說名為智非不知故若山巖石壁簾幔帷障之所覆障極遠極近老小盲冥
而不知者彼亦非智以有境界智不具足而不知故佛言大慧此實是智非如汝說我之所
說非隱覆說我言境界唯是假名不可得者以了但是自心所見外法有无智慧於中畢
竟无得以无得故尒焰不起入三脫門智體亦忘非如一切覺想凡夫无始已來戲論熏
習計著外法若有若无種種形相如是而知名為不知不了諸法唯心所見著我所分別
境智不知外法是有是无其心住於斷見中故為令捨離如是分別說一切法唯心
建立尒時世尊重說頌言　若有於所緣　智慧不觀見　彼无智非智　是名妄計者
无邊相互隱　障礙及遠近　智慧不能見　是名為邪智　老小諸根冥　而實有境界
不能生智慧　是名為邪智　復次大慧愚癡凡夫无始虛偽惡邪分別之所幻惑不了
如實及言說法計心外相著方便說不能脩習清淨真實離四句法大慧白言如是如是誠如
尊教願為我說如實之法及言說法令我及諸菩薩摩訶薩於此二法而得善巧非外
道二乘之所能入佛言諦聽當為汝說大慧三世如來有二種法謂言說法及如實法言說
法者謂隨衆生心為說種種諸方便教如實法者謂脩行者於心所現離諸分別不墮一異
俱不俱品超度一切心意意識於自覺聖智所行境界離諸因緣相應見相一切外
道聲聞緣覺墮二邊者所不能知是如實法此二種法汝及諸菩薩摩訶薩當
善脩學尒時世尊復說頌言　我說二種法　言教及如實　教法示凡夫　實為脩行者

所有詞論但飾文句誑惑凡愚隨順世間虛妄言說不如於義不稱於理不能證入真實
境界不能覺了一切諸法恒墮二邊自失正道亦令他失輪迴諸趣永不出離何以故不了諸
法唯心所見執著外境增分別故是故我說世論文句因喻莊嚴但誑愚夫不能解脫生老
病死憂悲苦惱大慧釋提桓因廣解眾論自造諸論彼世論者有一弟子現作龍身
詣釋天宮而立論宗作是要言憍尸迦我共汝論汝若不如我當破汝千輻之輪我若不如斷一
一頭以謝所屈說是語已即以論法摧伏帝釋壞千輻輪還來人間大慧世間言論因喻
莊嚴乃至能現畜生之形以妙文詞迷惑諸天及阿脩羅令其執著生滅等見而況於
人是故大慧不應親近承事供養以彼能作生苦因故大慧世論唯說身覺境界大慧
彼世論有百千字句後末世中惡見乖離邪眾崩散分成多部各執自因大慧非餘外道
能立教法唯盧迦耶以百千句廣說無量差別因相非如實理亦不自知是惑世法爾時
大慧白言世尊若盧迦耶所造之論種種文字因喻莊嚴執著自宗非如實法名外道者
世尊亦說世間之事謂以種種文句言詞廣說十方一切國土天人等眾而來集會非是自
智所證之法世尊亦同外道說耶佛言大慧我非世說亦無來去我說諸法不來不去大
慧來者集生去者壞滅不來不去此則名為不生不滅大慧我之所說不同外道墮分
別中何以故外法有無無所著故了唯自心不見二取不行相境不生分別入空無相無願之門
而解脫故大慧我憶有時於一處住有世論婆羅門來至我所遽問我言瞿曇一切是所作
耶我時報言婆羅門一切所作是初世論又問我言一切非所作耶我時報言一切非所作
是第二世論彼復問言一切常耶一切無常耶一切生耶一切不生耶我時報言是第六世論
復問言一切一耶一切異耶一切俱耶一切不俱耶一切皆由種種因緣而受生耶我時報言是第

是第十二世論彼復問言一切常耶一切无常耶一切生耶一切不生耶我時報言是第十三世論彼
復問言一切一耶一切異耶一切俱耶一切不俱耶一切皆由種種因緣而受生耶我時報言　是第
十四世論彼復問言一切有記耶一切无記耶有我耶无我耶有此世耶无此世耶有他世耶无他世
耶有解脫耶无解脫耶是剎那耶非剎那耶虛空涅槃及非擇滅是所作耶非所作耶有中
有耶无中有耶我時報言婆羅門如是皆是汝之世論非我所說婆羅門我說因於无始
戲論諸惡習氣而生三有不了唯是自心所見而取外法實无可得如外道說我及根境
三合知生我不如是我不說因不說无因唯依妄心似能所取而說緣起非汝及餘取著我者
之所能測大慧虛空涅槃及非擇滅但有三數本无體性何況而說作與非作大慧爾時世
論婆羅門復問我言无明愛業為因緣故有三有耶為无因耶我言此二亦是世論又
問我言一切諸法皆入自相及共相耶我時報言此亦世論婆羅門乃至少有心識流動
分別外境皆是世論大慧爾時彼婆羅門復問我言頗有非是世論者不一切外道所有
詞論種種文句因喻莊嚴莫不皆從我法中出我報言有非汝所許非世不許非不說
種種文句義理相應非不相應彼復問言豈有世許非世論耶我答言有但非於汝及以
一切外道能知何以故以於外法虛妄分別生執著故若能了達有无等法一切皆是自
心所見不生分別不取外境於自處住自處住者是不起義不起於何不起分別此是我法
非汝有也婆羅門略而言之隨何處中心識往來死生求戀若受若見若觸若住取
種種相和合相續於愛於因而生計著皆汝世論非是我法大慧世論婆羅門作如是
問我如是答不問於我自宗實法嘿然而去作是念言沙門瞿曇无可尊重說一切法无生无

為未來衆生思惟是義諦聽諦聽當為汝說大慧所言財者可觸可受可取可味令著
外境墮在二邊增長貪愛生老病死憂悲苦惱我及諸佛說名財利親近世論之所獲得云
何法利謂了法是心見二无我不取於相无有分別善知諸地離心意識一切諸佛所共灌頂具
足受行十无盡願於一切法悉得自在是名法利以是不墮一切諸見戲論分別常斷二邊大
慧外道世論令諸癡人墮在二邊謂常及斷受无因論則起常見以因壞滅則生斷見
我說不見生住滅者名得法利是名財法二差別相汝及諸菩薩摩訶薩應勤觀察尒
時世尊重說頌言

調伏攝衆生　以戒降諸惡　智慧滅諸見　解脫得增長
外道虛妄說　皆是世俗論　橫計作所作　不能自成立　唯我一自宗　不著於能所
為諸弟子說　令離於世論　能取所取法　唯心无所有　二種皆心現　斷常不可得
乃至心流動　是則為世論　分別不起者　是人見自心　來者見事生　去者事不現
明了知來去　不起於分別　有常及无常　所作无所作　此世他世等　皆是世論法

尒時大慧菩薩摩訶薩復白佛言世尊佛說涅槃說何等法以為涅槃而諸外
道種種分別佛言大慧如諸外道分別涅槃皆不隨順涅槃之相諦聽諦聽當為汝說大慧或有
外道言見法无常不貪境界蘊界處滅心心所法不現在前不念過現未來境界如燈盡
如種敗如火滅諸取不起分別不生起涅槃想大慧非以見壞名為涅槃或謂至方名得涅
槃境界想離猶如風止或謂不見能覺所覺名為涅槃或謂不起分別常无常見名
得涅槃或有說言分別諸相發生於苦而不能知自心所現以不知故怖畏於相以求无相深
生愛樂執為涅槃或謂覺知內外諸法自相共相去來現在有性不壞作涅槃想或計
我人衆生壽命及一切法无有壞滅作涅槃想

[illegible]分別[illegible]生於而不能知自心所現以不知故怖畏於相以求无相[illegible]
生愛樂執為涅槃或謂覺知內外諸法自相共相去來現在有性不壞作涅槃想或計
我人眾生壽命及一切法无有壞滅作涅槃想復有外道无有智慧計有自性及以士
夫求那轉變作一切物以為涅槃或有外道計福非福盡或計不由智慧諸煩惱盡或計
自在是實作者以為涅槃或謂眾生展轉相生以此為因更无異因彼无智故不能
覺了以不了故執為涅槃或計證於諦道虛妄分別以為涅槃或計求那與求那者共
和合一性異性俱及不俱執為涅槃及計諸物從自然生孔雀文彩棘針銛利生寶之處出
種種寶如此等事是誰能作即執自然以為涅槃或謂能解廿五諦即得涅槃或有說言能受
六分守護眾生斯得涅槃或有說言時生世間時即涅槃或執有物以為涅槃或計无物
以為涅槃或有計著有物无物為涅槃者或計諸物與涅槃无別作涅槃想　大慧
復有異彼外道所說以一切智大師子吼說能了達唯心所現不取外境遠離四句住如實
見不墮二邊離能所取不入諸量不著真實住於聖智所現證法悟二无我離二煩惱
淨二種障轉脩諸地入於佛地得如幻等諸大三昧永超心意及以意識名得涅槃　大慧
彼諸外道虛妄計度不如於理智者所棄皆墮二邊作涅槃想於此无有若住若出彼
諸外道皆依自宗而生妄覺違背於理无所成就唯令心意馳散往來一切无有得涅槃者
汝及諸菩薩宜應遠離尒時世尊重說頌言　外道涅槃見　各各異分別
彼唯是妄想　无解脫方便　遠離諸方便　不至无縛處　妄生解脫想　而實无解脫
外道所成立　眾智各異取　彼悉无解脫　愚癡妄分別　一切癡外道　妄見作所作
悉著有无論　是故无解脫　凡愚樂分別　不生真實慧　言說三界本　真實滅苦因

三有唯分別　外境悉无有　妄想種種見　凡愚不能覺　經經說分別　但是異名字

若離於語言　其義不可得

佛說大乘入楞伽經卷第四

佛説大乘入楞伽經卷第四

BD00810　异部宗輪論述記略（擬）

93.5cm × 32cm

……我說苦是善又問昨夜何唱苦哉彼矯答言我呼
聖道謂有聖道為不至誠稱苦命喚終不現前故我昨夜呼聖道耳
大天於後集先所說五惡見事而作頌曰　餘所誘无知　猶豫他令入
道因聲故起　是名真仏教　十五日夜布灑陀時次當大天昇座誦戒
彼便自誦所造伽他尒時衆中有學无學多聞持戒修靜慮者聞彼所
說无不驚呵咸即翻對所說頌云故第四句言非仏教於是竟夜鬪諍紛然
乃至崇朝朋黨轉盛城中士庶乃至大臣相次來和皆不止息時王聞見亦
復生疑由斯衆諍分成兩部賢聖朋內耆年雖多而僧數少名上座部大天
朋內耆年雖少徒衆即多名大衆部至仏滅後二百年初大衆部中因有乖
諍前後四破分成九部初第一破分成三部一者說世出世法皆是假名一說部二者
說世法顛倒出世法是實名說出世部三者部主乃是雞胤之種胤名雞胤部第
二破者謂此部主學過本宗名多聞部第三破者說世出世亦有少假名
說假部第四破者有一外道大乘教中出家多聞住制多山重譯五事分成

上座部三百年初四百年末本末七破為十一部第一破者有一大德造發
智論本部被難移入雪山名雪轉部即學論者說諸法有名說一切有部
二於有部流出一部即是古仙染牛生種名犢子部三者於犢子部分出四
部一者部主有法過人可上名法上部二者部主性賢是聖賢名賢冑部
三者部主量法刊正名正量部四者部主所居山林繁密名密林山部
四從有部流出一部謂此部主本是國王名化地部五從化地部流出一部〻
主含法如藏之密名法藏部六從有部流出一部〻主乃是飲光仙種名飲
光部七從有部復出一部依經立量不依律論名經量部如是上座本末重
張兼本共成十一部討通前九部為廿部是謂此中諸部名義　及依蘊等
別有我者此宗所說五蘊等法一〻別說即无作用為和合時即有總想
主宰作用如車舍等〻材木各別作用便无為和合時便有實用此然
如是
三世蘊等而皆實有者謂此部執有為之法三世有體而其作用

如是

三世蘊等而皆實有者謂此部執有爲之法三世有體而其作用
或有或无法從未來未起作用然爲未來生相所生流入現在住相所住
方起作用異相所異而有襄衰滅相所滅流入過去所說滅者但滅作用名
入過去非滅法體如運一籌至百千位但名有殊而體无別由是義故三世
皆實 去來蘊等皆是无者彼宗所說去來非實而現在法有差別故
爲言三世法體皆實不應作用唯在現在不亦作用與體應異爲與體
異不應名用如色與聲色非聲用故現法實去來无體 現在蘊實
積聚法故等者謂此宗說色心等法細實麁假總聚是實色體性故麁
色是假共和合故一實總聚彼非眼識境合成麁色方眼識緣緣一總聚亦是蘊稱
蘊者聚義故蘊是實和合生識即名處界故處界內法皆是假 世出世
法皆非實等者問此與大乘義有何差別答由執諸法空是假立不同大乘
假實雙泯但說諸法皆假非實不說諸法非實之因不同應理一切諸法皆從

立相无性顯計所執即无體相依他立生无性如何但无自然生性勝義无性
當知名然故深密等建立三性有所依存故非了義也 般若等經為非了義就
備説故等者備説空門遣一切相次无自性即名勝義由勝義故世俗成立不由世俗
勝義成有故説皆空就備説也 獨覺習證与聲聞同教既不多等者同生空
習證生空理然獨覺性利於聲聞不假當聞方能證悟是故獨覺教習不多
同聲聞入聲聞藏 然此五乘有開合者或有聖教於三乘外開人天乘五戒十
善果因别故合不定性入三乘中隨所得果皆出世故或有聖教人天合一五戒
十善世間法故於三乘外開不定性雖同出世種性異故 然非年月定判後先
者真諦三藏然立三時与此不殊而不取者由約年月定判後先説化成道十二
年來所説小乘名第一時從十三年後至卅七年説般若等為第二時卅八年

BD00810　异部宗輪論述記略（擬）

BD00811A　大般若波羅蜜多經卷二一一

（唐）玄奘 譯

178.2cm × 28.1cm

大般若波羅蜜多經卷第二百十一
初分難信解品第卅四之卅　三藏法師玄奘奉　詔譯
善現有為空清淨故四住清淨四念住清
淨故一切智智清淨何以故若有為空清淨
若四念住清淨若一切智智清淨無二無二
分無別無斷故有為空清淨故四正斷四神
足五根五力七等覺支八聖道支清淨四正
斷乃至八聖道支清淨故一切智智清淨何
以故若有為空清淨若四正斷乃至八聖道
支清淨若一切智智清淨無二無二分無別
無斷故善現有為空清淨故空解脫門清
淨空解脫門清淨故一切智智清淨何以故若

清淨無二無二分無別無斷故有爲空清淨
故無相無願解脫門清淨無相無願解脫門
清淨故一切智智清淨何以故若有爲空清
淨若無相無願解脫門清淨若一切智智清
淨無二無二分無別無斷故善現有爲空清
淨故菩薩十地清淨菩薩十地清淨故一切
智智清淨何以故若有爲空清淨若菩薩十
地清淨若一切智智清淨無二無二分無別
無斷故
善現有爲空清淨故五眼清淨五眼清淨故
一切智智清淨何以故若有爲空清淨若五
眼清淨若一切智智清淨無二無二分無別
無斷故有爲空清淨故六神通清淨六

無斷故有爲空清淨故六神通清淨六
神通清淨故一切智智清淨何以故若有爲空
清淨若六神通清淨若一切智智清淨無二無
二分無別無斷故善現有爲空清故淨佛十
力清淨佛十力清淨故一切智智清淨何以
故若有爲空清淨若佛十力清淨若一切智
智清淨無二無二分無別無斷故有爲空清
淨故四無所畏四無礙解大慈大悲大喜大捨
十八佛不共法清淨四無所畏乃至十八佛
不共法清淨故一切智智清淨何以故若
有爲空清淨若四無所畏乃至十八佛不共
法清淨若一切智智清淨無二無二分無別
無斷故善現有爲空清淨故無忘失法清淨
無忘失法清淨故一切智智清淨何以故

清淨無二無二分無別無斷故有爲空清淨
故恒住捨性清淨恒住捨性清淨故一切智
智清淨何以故若有爲空清淨若恒住捨性
清淨若一切智智清淨無二無二分無別無
斷故善現有爲空清淨故一切智智清淨一切
智清淨故一切智智清淨何以故若有爲空
清淨若一切智清淨若一切智智清淨無二無
二分無別無斷故有爲空清淨故道相智
一切相智清淨道相智一切相智清淨故一
切智智清淨何以故若有爲空清淨道相
智一切相智清淨若一切智智清淨無二無二
分無別無斷故善現有爲空清淨故一切
陁羅尼門清淨陁羅尼門清淨故一切

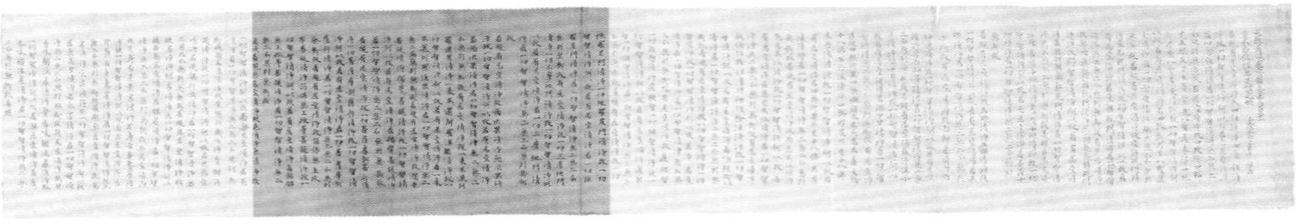

陁羅尼門清淨一切陁羅尼門清淨故一切
智智清淨何以故若有為空清淨若一切陁
羅尼門清淨若一切智智清淨無二無二分
無别無斷故有為空清淨故一切三摩地門
清淨一切三摩地門清淨故一切智智清淨何
以故若有為空清淨若一切三摩地門清
淨若一切智智清淨無二無二分無别無斷
故
善現有為空清淨故預流果清淨預流果清
淨故一切智智清淨何以故若有為空清淨
若預流果清淨若一切智智清淨無二無二
分無别無斷故有為空清淨故一来不還阿
羅漢果清淨一来不還阿羅漢果清淨故一

無二分無別無斷故善現有為空清淨故獨覺
菩提清淨獨覺菩提清淨故一切智智清
淨何以故若有為空清淨若獨覺菩提清淨
若一切智智清淨無二無二分無別無斷故
善現有為空清淨故一切菩薩摩訶薩行清
淨一切菩薩摩訶薩行清淨故一切智智清
淨何以故若有為空清淨若一切菩薩摩訶
薩行清淨若一切智智清淨無二無二分無別
無斷故善現有為空清淨故諸佛無上正
等菩提清淨諸佛無上正等菩提清淨故一
切智智清淨何以故若有為空清淨若諸佛
無上正等菩提清淨若一切智智清淨無二
無二分無別無斷故
復次善現無為空清淨故色清淨色清淨故

無二分無別無斷故
復次善現無爲空清淨故色清淨色清淨故
一切智智清淨何以故若無爲空清淨若色
清淨若一切智智清淨無二無二分無別無
斷故無爲空清淨故受想行識清淨受相行
識清淨故一切智智清淨何以故若無爲空
清淨若受想行識清淨若一切智智清淨無
二無二分無別無斷故善現無爲空清淨故
眼處清淨眼處清淨故一切智智清淨何以
故若無爲空清淨若眼處清淨若一切智智
清淨無二無二分無別無斷故無爲空清淨
故耳鼻舌身意處清淨耳鼻舌身意處清
淨故一切智智清淨何以故若無爲空清淨若
耳鼻舌身意處清淨若一切智智清淨無二

若無爲空清淨若色處清淨若一切智智清
淨無二無二分無別無斷故無爲空清淨故聲
香味觸法處清淨聲香味觸法處清淨故
一切智智清淨何以故若無爲空清淨若聲
香味觸法處清淨若一切智智清淨無二無
二分無別無斷故善現

BD00811B 大般若波羅蜜多經卷四二七

（唐）玄奘 譯

49.1cm × 29.4cm

散亂是菩薩摩訶薩於内外法一切皆捨
方便令彼安住靜慮波羅蜜多若諸有情
長夜愚癡是菩薩摩訶薩於内外法一切皆
捨方便令彼安住般若波羅蜜多若諸有情長
夜愚癡是菩薩摩訶薩於内外法一切皆捨
方便令彼安住般若波羅蜜多若諸有情流
轉生死長夜恒為貪瞋癡等隨眠纏垢擾亂
其心造作種種不饒益事是菩薩摩訶薩
方便善巧令彼斷滅貪瞋癡等隨眠纏垢
令其安住四靜慮四無量四無色定或令安住四
念住廣說乃至八聖道支或令安住空無相無
願解脫門或令安住預流果乃至阿羅漢果或
令安住獨覺菩提或令安住菩薩十地或令安
[illegible]

若波羅蜜多至心聽聞受持讀誦精勤脩學
如理思惟書寫解說廣令流布諸菩薩摩
訶薩攝受現法功德勝利憍尸迦是菩薩
摩訶薩由此因緣於當来世速證無上正
等菩提轉妙法輪化無量衆隨本所願方
便安立令於三乘脩學究竟乃至證得無
餘涅槃憍尸迦如是名為於此般若波羅蜜
多至心聽聞受持讀誦精勤脩學如理思
惟書寫解說廣令流布諸菩薩摩訶薩攝受
當来功德勝利
復次憍迦若善男子善女人等於此般若波
羅蜜多至心聽聞受持讀誦精勤脩學如
理思惟書寫解說廣令流布其地方所若
有惡魔及魔眷屬若有種種外道族類若

BD00812 妙法蓮華經卷二

（後秦）鳩摩羅什 譯

844.3cm × 26cm

譬方
是諸所
以譬喻更明此
舍利弗若國邑聚落有
富无量多有田宅及諸僮僕其
一門多諸人衆一百二百乃至五百人止住其
中堂閣朽故墻壁頹落柱根腐敗梁棟傾危
周帀俱時欻然火起焚燒舍宅長者諸子若
十二十或至三十在此宅中長者見是大火
從四面起即大驚怖而作是念我雖能於此
所燒之門安隱得出而諸子等於火宅內樂
著嬉戲不覺不知不驚不怖火來逼身苦痛
切己心不厭患无求出意

有一門而復狹小諸子幼稚未有所識戀
著戲處或當墮落為火所燒我當為説怖
畏之事此舍已燒宜時疾出无令為火之所燒
害作是念已如所思惟具告諸子汝等速出
父雖憐愍善言誘喻而諸子等樂著嬉戲不
肯信受不驚不畏了无出心亦復不知何者
是火何者為舍云何為失但東西走戲視父而
已尒時長者即作是念此舍已為大火所燒
我及諸子若不時出必為所焚我今當設方
便令諸子等得免斯害父知諸子先心各有
所好種種珎玩奇異之物情必樂著而告之
言汝等所可玩好希有難得汝若不取後必
憂悔如此種種羊車鹿車牛車今在門外可

憂悔如此種種羊車鹿車牛車今在門外可
以遊戲汝等於此火宅宜速出來隨汝所欲
皆當與汝尒時諸子聞父所說珍玩之物適
其願故心各勇鋭互相推排競共馳走爭出
火宅是時長者見諸子等安隱得出皆於四
衢道中露地而坐无復鄣㝵其心泰然歡
喜踊躍時諸子等各白父言先所許玩好之
具羊車鹿車牛車願時賜與
舍利弗尒時長者各賜諸子等一大車其車
高廣衆寶莊挍周帀欄楯四面懸鈴又於其
上張設幰蓋亦以珍奇雜寶而嚴飾之寶繩
絞絡垂諸華瓔重敷綩綖安置丹枕駕以白
牛膚色充潔形體姝好有大筋力行步平正

念我財物无極不應以下劣小車與諸子等
今此幼童皆是吾子愛无偏黨我有如是七
寶大車其數无量應當等心各各與之不宜差
別所以者何以我此物周給一國猶尚不匱何
況諸子是時諸子各乘大車得未曾有非
本所望舍利弗於汝意云何是長者等與諸
子珎寶大車寧有虛妄不舍利弗言不也
世尊是長者但令諸子得免火難全其軀命
非爲虛妄何以故若全身命便爲已得玩好
之具況復方便於彼火宅而拔濟之世尊若
是長者乃至不與最小一車猶不虛妄何以
故是長者先作是意我以方便令子得出以
是因緣无虛妄也何況長者自知財富无量

是因緣无虛妄也何況長者自知財富无量
欲饒益諸子等與大車
佛告舍利弗善哉善哉如汝所言舍利弗如
來亦復如是則為一切世間之父於諸怖畏
衰惱憂患无明闇蔽永盡无餘而悉成就
无量知見力无所畏有大神力及智慧力具
足方便智慧波羅蜜大慈大悲常无懈惓恒
求善事利益一切而生三界朽故火宅為度衆
生生老病死憂悲苦惱愚癡闇蔽三毒之火
教化令得阿耨多羅三藐三菩提見諸衆生
為生老病死憂悲苦惱之所燒煮亦以五欲
財利故受種種苦又以貪著追求故現受衆
苦後受地獄畜生餓鬼之苦若生天上及在人

不驚不怖亦不生厭不求解脱於此三界火宅
東西馳走雖遭大苦不以為患舍利弗佛見
此已便作是念我為衆生之父應拔其苦難
與无量无邊佛智慧樂令其遊戲
舍利弗如來復作是念若我但以神力及智
慧力捨於方便為諸衆生讃如來知見力无
所畏者衆生不能以是得度所以者何是諸衆
生未免生老病死憂悲苦惱而為三界火宅
所燒何由能解佛之智慧舍利弗如彼長
者雖復身手有力而不用之但以慇懃方便
勉濟諸子火宅之難然後各與珎寶大車如來
亦復如是雖有力无所畏而不用之但以智
慧方便於三界火宅拔濟衆生為説三乘

BD00812　妙法蓮華經卷二

慧方便於三界火宅拔濟衆生為説三乘
聲聞辟支佛佛乘而作是言汝等莫得樂住
三界火宅勿貪麁弊色聲香味觸也若貪著
生愛則為所燒汝等速出三界當得三乘聲聞
辟支佛佛乘我今為汝保任此事終不虛也汝
等但當勤脩精進如來以是方便誘進衆生
復作是言汝等當知此三乘法皆是聖所稱
歎自在无繫无所依求乘此三乘以无漏根
力覺道禪定解脫三昧等而自娛樂便得无
量安隱快樂
舍利弗若有衆生内有智性從佛世尊聞法
信受慇懃精進欲速出三界自求涅槃是名
聲聞乘如彼諸子為求羊車出於火宅若有

如彼諸子為求鹿車出於火宅若有眾生從
佛世尊聞法信受懃脩精進求一切智佛智
自然智无師智如來知見力无所畏愍念安
樂无量眾生利益天人度脫一切是名大乘
菩薩求此乘故名為摩訶薩如彼諸子為求牛
車出於火宅舍利弗如彼長者見諸子等安
隱得出火宅到无畏處自惟財富无量等以
大車而賜諸子如來亦復如是為一切眾生之
父若見无量億千眾生以佛教門出三界苦
怖畏險道得涅槃樂如來尒時便作是念我
有无量无邊智慧力无畏等諸佛法藏是諸
眾生皆是我子等與大乘不令有人獨得滅度皆
以如來滅度而滅度之是諸眾生脫三界者悉與
諸佛禪定解脫等娛樂之具皆是一相一種聖所稱

衆生皆是我子等與大乘不令有人獨得滅度
以如來滅度而滅度之是諸衆生脫三界者悉與
諸佛禪定解脫等娛樂之具皆是一相一種聖所稱
歎能生淨妙第一之樂舍利弗如彼長者初以
三車誘引諸子然後但與大車寶物莊嚴安
隱第一然彼長者无虛妄之咎如來亦復如
是无有虛妄初說三乘引導衆生然後但以
大乘而度脫之何以故如來有无量智慧力
无所畏諸法之藏能與一切衆生大乘之法但
不盡能受舍利弗以是因緣當知諸佛方便力
故於一佛乘分別說三佛欲重宣此義而說偈言
譬如長者　有一大宅　其宅久故　而復頓弊
堂舍高危　柱根摧朽　梁棟傾斜　基陛隤毀
牆壁圮坼　泥塗褫落　覆苫亂墜　椽梠差脫

守宮百足　狖狸鼷鼠　諸惡虫輩　交横馳走
屎尿臭處　不淨流溢　蜣蜋諸虫　而集其上
狐狼野干　咀嚼踐蹋　嚌齧死屍　骨肉狼籍
由是群狗　競來搏撮　飢羸慞惶　處處求食
鬪諍摣掣　啀喍嘷吠　其舍恐怖　變狀如是
處處皆有　魑魅魍魎　夜叉惡鬼　食噉人肉
毒虫之屬　諸惡禽獸　孚乳産生　各自藏護
夜叉競來　諍取食之　食之既飽　惡心轉熾
鬪諍之聲　甚可怖畏　鳩槃荼鬼　蹲踞土埵
或時離地　一尺二尺　往反遊行　縱逸嬉戲
捉狗兩足　撲令失聲　以脚加頸　怖狗自樂
復有諸鬼　其身長大　裸形黑瘦　常住其中
發大惡聲　叫呼求食　復有諸鬼　其咽如針

發大惡聲　叫呼求食　復有諸鬼　其咽如針
復有諸鬼　首如牛頭　或食人肉　或復噉狗
頭髮蓬亂　殘害凶險　飢渴所逼　叫喚馳走
夜叉餓鬼　諸惡鳥獸　飢急四向　窺看窓牖
如是諸難　恐畏无量　是朽故宅　屬于一人
其人近出　未久之間　於後宅舍　忽然火起
四面一時　其炎俱熾　棟樑椽柱　爆聲振裂
摧折墮落　牆壁崩倒　諸鬼神等　揚聲大叫
鵰鷲諸鳥　鳩槃荼等　周慞惶怖　不能自出
惡獸毒虫　藏竄孔穴　毘舍闍鬼　亦住其中
薄福德故　為火所逼　共相殘害　飲血噉肉
野干之屬　並已前死　諸大惡獸　競來食噉
臭烟熢㶿　四面充塞　蜈蚣蚰蜒　毒虵之類

其宅如是　甚可怖畏　毒害火灾　衆難非一
是時宅主　在門外立　聞有人言　汝諸子等
先因遊戲　來入此宅　稚小无知　歡娛樂著
長者聞已　驚入火宅　方宜救濟　令无燒害
告喻諸子　說衆患難　惡鬼毒虫　灾火蔓延
衆苦次第　相續不絕　毒蛇蚖蝮　及諸夜叉
鳩槃荼鬼　野干狐狗　鵰鷲鵄梟　百足之屬
飢渴惱急　甚可怖畏　此苦難處　況復大火
諸子无知　雖聞父誨　猶故樂著　嬉戲不已
是時長者　而作是念　諸子如此　益我愁惱
今此舍宅　无一可樂　而諸子等　耽湎嬉戲
不受我教　將為火害　即便思惟　設諸方便
告諸子等　我有種種　珎玩之具　妙寶好車

告諸子等　我有種種　珎玩之具　妙寶好車
羊車鹿車　大牛之車　今在門外　汝等出來
吾為汝等　造作此車　隨意所樂　可以遊戲
諸子聞說　如此諸車　即時奔競　馳走而出
到於空地　離諸苦難　長者見子　得出火宅
住於四衢　坐師子座　而自慶言　我今快樂
此諸子等　生育甚難　愚小无知　而入險宅
多諸毒虫　魑魅可畏　大火猛焰　四面俱起
而此諸子　貪樂嬉戲　我已救之　令得脫難
是故諸人　我今快樂
尒時諸子　知父安坐　皆詣父所　而白父言
願賜我等　三種寶車　如前所許　諸子出來
當以三車　隨汝所欲　今正是時　唯垂給與

四面懸鈴　金繩絞絡　真珠羅網　張施其上
金華諸瓔　處處垂下　衆綵雜飾　周帀圍繞
柔耎繒纊　以爲裀褥　上妙細疊　價直千億
鮮白淨潔　以覆其上　有大白牛　肥壯多力
形體姝好　以駕寶車　多諸儐從　而侍衛之
以是妙車　等賜諸子　諸子是時　歡喜踊躍
乘是寶車　遊於四方　嬉戲快樂　自在无㝵
告舍利弗　我亦如是　衆聖中尊　世間之父
一切衆生　皆是吾子　深著世樂　无有慧心
三界无安　猶如火宅　衆苦充滿　甚可怖畏
常有生老　病死憂患　如是等火　熾然不息
如來已離　三界火宅　寂然閑居　安處林野
今此三界　皆是我有　其中衆生　悉是吾子

今此三界　皆是我有　其中衆生　悉是吾子
而今此處　多諸患難　唯我一人　能為救護
雖復教詔　而不信受　於諸欲染　貪著深故
是以方便　為說三乘　令諸衆生　知三界苦
開示演說　出世間道　是諸子等　若心決定
具足三明　及六神通　有得緣覺　不退菩薩
汝舍利弗　我為衆生　以此譬喻　說一佛乘
汝等若能　信受是語　一切皆當　成得佛道
是乘微妙　清淨第一　於諸世間　為无有上
佛所悅可　一切衆生　所應稱讚　供養礼拜
无量億千　諸力解脫　禪定智慧　及佛餘法
得如是乘　令諸子等　日夜劫數　常得遊戲
與諸菩薩　及聲聞衆　乘此寶乘　直至道場
以是因緣

汝等累劫　衆苦所燒　我皆濟拔　令出三界
我雖先說　汝等滅度　但盡生死　而實不滅
今所應作　唯佛智慧
若有菩薩　於是衆中　能一心聽　諸佛實法
諸佛世尊　雖以方便　所化衆生　皆是菩薩
若人小智　深著愛欲　為此等故　說於苦諦
衆生心喜　得未曾有　佛說苦諦　真實无異
若有衆生　不知苦本　深著苦因　不能暫捨
為是等故　方便說道　諸苦所因　貪欲為本
若滅貪欲　无所依止　滅盡諸苦　名第三諦
為滅諦故　脩行於道　離諸苦縛　名得解脫
是人於何　而得解脫　但離虛妄　名為解脫
其實未得　一切解脫　佛說是人　未實滅度

是人於何 而得解脫 但離虛妄 名為解脫
其實未得 一切解脫 佛說是人 未實滅度
斯人未得 无上道故 我意不欲 令至滅度
我為法王 於法自在 安隱眾生 故現於世
汝舍利弗 我此法印 為欲利益 世間故說
在所遊方 勿妄宣傳 若有聞者 隨喜頂受
當知是人 阿鞞䟦致 若有信受 此經法者
是人已曾 見過去佛 恭敬供養 亦聞是法
若人有能 信汝所說 則為見我 亦見於汝
及比丘僧 并諸菩薩
斯法華經 為深智說 淺識聞之 迷惑不解
一切聲聞 及辟支佛 於此經中 力所不及
汝舍利弗 尚於此經 以信得入 況餘聲聞
其餘聲聞 信佛語故 隨順此經 非已智分
又舍利弗 憍慢懈怠 計我見者

若人不信　毀謗此經　則斷一切　世間佛種
或復頻蹙　而懷疑惑　汝當聽說　此人罪報
若佛在世　若滅度後　其有誹謗　如斯經典
見有讀誦　書持經者　輕賤憎嫉　而懷結恨
此人罪報　汝今復聽
其人命終　入阿鼻獄　具足一劫　劫盡更生
如是展轉　至无數劫　從地獄出　當墮畜生
若狗野干　其形頓瘦　黧黮疥癩　人所觸嬈
又復為人　之所惡賤　常困飢渴　骨肉枯竭
生受楚毒　死被瓦石　斷佛種故　受斯罪報
若作駱駝　或生驢中　身常負重　加諸杖捶
但念水草　餘无所知　謗斯經故　獲罪如是
有作野干　來入聚落　身體疥癩　又无一目

[illegible]
有作野干　來入聚落　身體疥癩　又无一目
為諸童子　之所打擲　受諸苦痛　或時致死
於此死已　更受蟒身　其形長大　五百由旬
聾騃无足　婉轉腹行　為諸小虫　之所唼食
晝夜受苦　无有休息　謗斯經故　獲罪如是
若得為人　諸根闇鈍　矬陋攣躄　盲聾背傴
有所言說　人不信受　口氣常臭　鬼魅所著
貧窮下賤　為人所使　多病痟瘦　无所依怙
雖親附人　人不在意　若有所得　尋復忘失
若修醫道　順方治病　更增他疾　或復致死
若自有病　无人救療　設服良藥　而復增劇
若他反逆　抄劫竊盜　如是等罪　橫羅其殃
如斯罪人　永不見佛　衆聖之王　說法教化
[illegible]

常處地獄　如遊園觀　在餘惡道　如己舍宅
駝驢猪狗　是其行處　謗斯經故　獲罪如是
若得為人　聾盲瘖瘂　貧窮諸衰　以自莊嚴
水腫乾痟　疥癩癰疽　如是等病　以為衣服
身常臭處　垢穢不淨　深著我見　增益瞋恚
婬欲熾盛　不擇禽獸　謗斯經故　獲罪如是
告舍利弗　謗斯經者　若說其罪　窮劫不盡
以是因緣　我故語汝　无智人中　莫說此經
若有利根　智慧明了　多聞强識　求佛道者
如是之人　乃可為說　若人曾見　億百千佛
殖諸善本　深心堅固　如是之人　乃可為說
若人精進　常脩慈心　不惜身命　乃可為說
若人恭敬　无有異心　離諸凡愚　獨處山澤

若人精進　常修慈心　不惜身命　乃可為說
若人恭敬　无有異心　離諸凡愚　獨處山澤
如是之人　乃可為說　又舍利弗　若見有人
捨惡知識　親近善友　如是之人　乃可為說
若見佛子　持戒清潔　如淨明珠　求大乘經
如是之人　乃可為說　若人无瞋　質直柔耎
常愍一切　恭敬諸佛　如是之人　乃可為說
復有佛子　於大眾中　以清淨心　種種因緣
譬喻言辭　說法无导　如是之人　乃可為說
若有比丘　為一切智　四方求法　合掌頂受
但樂受持　大乘經典　乃至不受　餘經一偈
如是之人　乃可為說　如人至心　求佛舍利
如是求經　得已頂受　其人不復　志求餘經
亦未曾念　外道典籍　如是之人　乃可為說
告舍利弗　我說是相　求佛道者　窮劫不盡

妙法蓮華經信解品第四

尒時慧命須菩提摩訶迦旃延摩訶迦葉
摩訶目揵連從佛所聞未曾有法世尊授舍
利弗阿耨多羅三藐三菩提記發希有心歡
喜踊躍即從坐起整衣服偏袒右肩右膝著
地一心合掌曲躬恭敬瞻仰尊顏而白佛言我
等居僧之首年並朽邁自謂已得涅槃无所
堪任不復進求阿耨多羅三藐三菩提世尊
往昔說法既久我時在坐身體疲懈但念空
无相无作於菩薩法遊戲神通淨佛國土成
就衆生心不喜樂所以者何世尊令我等出
於三界得涅槃證又今我等年已朽邁於佛
教化菩薩阿耨多羅三藐三菩提不生一念

BD00812　妙法蓮華經卷二

教化菩薩阿耨多羅三藐三菩提不生一念
好樂之心我等今於佛前聞授聲聞阿耨多
羅三藐三菩提記心甚歡喜得未曾有不謂
於今忽然得聞希有之法深自慶幸獲大善
利无量珎寶不求自得
世尊我等今者樂說譬喻以明斯義譬若有
人年既幼稚捨父逃逝久住他國或十二十
至五十歲年既長大加復窮困馳騁四方以
求衣食漸漸遊行遇向本國其父先來求子
不得中止一城其家大富財寶无量金銀瑠
璃珊瑚虎珀頗梨珠等其諸倉庫悉皆盈
溢多有僮僕臣佐吏民象馬車乘牛羊无數
出入息利乃遍他國商估賈客亦甚衆多時

人說如此事但自思惟心懷悔恨自念老朽
多有財物金銀珎寶倉庫盈溢无有子息一
旦終殁財物散失无所委付是以慇懃每憶
其子復作是念我若得子委付財物坦然快
樂无復憂慮世尊尒時窮子傭賃展轉遇到
父舍住立門側遥見其父踞師子床寶机承
足諸婆羅門剎利居士皆恭敬圍繞以真珠
瓔珞價直千万荘嚴其身吏民僮僕手執白
拂侍立左右覆以寶帳垂諸華幡香水灑地
散衆名華羅列寶物出内取與有如是等種
種嚴餝威德特尊窮子見父有大力勢即懷
恐怖悔来至此竊作是念此或是王或是王
等非我傭力得物之處不如往至貧里肆力

等非我傭力得物之處不如往至貧里肆力
有地衣食易得若久住此或見逼迫强使我
作作是念已疾走而去時富長者於師子座
見子便識心大歡喜即作是念我財物庫藏
今有所付我常思念此子无由見之而忽自
來甚適我願我雖年朽猶故貪惜即遣傍人
急追將還
尒時使者疾走往捉窮子驚愕稱怨大喚我
不相犯何為見捉使者執之逾急强牽將還
于時窮子自念无罪而被囚執此必定死轉更
惶怖悶絕躄地父遥見之而語使言不須此
人勿强將來以冷水灑面令得醒悟莫復與
語所以者何父知其子志意下劣自知豪貴

子歡喜得未曾有從地而起往至貧里以求
衣食尒時長者將欲誘引其子而設方便密
遣二人形色憔悴无威德者汝可詣彼徐語窮
子此有作處倍與汝價窮子若許將来使作
若言欲何所作便可語之雇汝除糞我等二
人亦共汝作時二使人即求窮子既已得
之具陳上事尒時窮子先取其價尋與除糞
其父見子愍而怪之又以他日於窓牖中遥
見子身羸瘦憔悴糞土塵坌汙穢不淨即脫
瓔珞細軟上服嚴飾之具更著麁弊垢膩之
衣塵土坌身右手執持除糞之器狀有所畏
語諸作人汝等勤作勿得懈息以方便故得
近其子又復告言咄男子汝常此作勿復餘

近其子又復告言咄男子汝常此作勿復餘
去當加汝價諸有所須瓫器米麪鹽酢之屬
莫自疑難亦有老弊使人須者相給好自安
意我如汝父勿復憂慮所以者何我年老大而
汝少壯汝常作時无有欺怠瞋恨怨言都不
見汝有此諸惡如餘作人自今已後如所生子
即時長者更與作字名之爲兒
尒時窮子雖欣此遇猶故自謂客作賤人由是
之故於二十年中常令除糞過是已後心相
體信入出无難然其所止猶在本處世尊
尒時長者有疾自知將死不久語窮子言我
今多有金銀珎寶倉庫盈溢其中多少所應
取與汝悉知之我心如是當體此意所以者何

藏而无悕取一飡之意然其所止故在本
處下劣之心亦未能捨復逕少時父知子意
漸已通泰成就大志自鄙先心臨欲終時
而命其子并會親族國王大臣剎利居士皆
悉已集即自宣言諸君當知此是我子我之
所生於某城中捨吾逃走跉跰辛苦五十餘
年其本字某我名某甲昔在本城懷憂推
覓忽於此閒遇會得之此實我子我實其父今
吾所有一切財物皆是子有先所出內是子所
知世尊是時窮子聞父此言即大歡喜得未
曾有而作是念我本无心有所悕求今此寶
藏自然而至
世尊大富長者則是如來我等皆似佛子如

藏自然而至
世尊大富長者則是如來我等皆似佛子如
來常說我等為子世尊我等以三苦故於生
死中受諸熱惱迷惑無知樂著小法今日世尊
令我等思惟蠲除諸法戲論之糞我等於中
勤加精進得至涅槃一日之價既得此已心
大歡喜自以為足而便自謂於佛法中勤精
進故所得弘多然世尊先知我等心著弊欲
樂於小法便見縱捨不為分別汝等當有如
來知見寶藏之分世尊以方便力說如來智
慧我等從佛得涅槃一日之價以為大得於
此大乘無有志求我等又因如來智慧為諸
菩薩開示演說而自於此無有志願所以者
何佛知我等心樂小法以方便力隨我等說而
我等不知真是佛子今我等方知世尊於

佛子而但樂小法若我等有樂大之心佛則
為我說大乘法今此經中唯說一乘而昔於
菩薩前毀呰聲聞樂小法者然佛實以大
乘教化是故我等說本无心有所悕求今法
王大寶自然而至如佛子所應得者皆已得
之尒時摩訶迦葉欲重宣此義而說偈言

我等今日　聞佛音教　歡喜踊躍　得未曾有
佛說聲聞　當得作佛　无上寶聚　不求自得
譬如童子　幼稚无識　捨父逃逝　遠到他土
周流諸國　五十餘年　其父憂念　四方推求
求之既疲　頓止一城　造立舍宅　五欲自娛
其家巨富　多諸金銀　車𤦲馬瑙　真珠瑠璃
象馬牛羊　輦輿車乘　田業僮僕　人民眾多

象馬牛羊 輦轝車乘 田業僮僕 人民衆多
出入息利 乃遍他國 商估賈人 无處不有
千万億衆 圍繞恭敬 常爲王者 之所愛念
群臣豪族 皆共宗重 以諸緣故 往來者衆
豪富如是 有大力勢 而年朽邁 益憂念子
夙夜惟念 死時將至 癡子捨我 五十餘年
庫藏諸物 當如之何 尒時窮子 求索衣食
從邑至邑 從國至國 或有所得 或无所得
飢餓羸瘦 體生瘡癬 漸次經歷 到父住城
傭賃展轉 遂至父舍 尒時長者 於其門内
施大寶帳 處師子坐 眷屬圍繞 諸人侍衛
或有計筭 金銀寶物 出内財産 注記券疏
窮子見父 豪貴尊嚴 謂是國王 若是王等

思惟是已　馳走而去　借問貧里　欲往傭作
長者是時　在師子座　遥見其子　嘿而識之
即勅使者　追捉將來　窮子驚喚　迷悶躄地
是人執我　必當見煞　何用衣食　使我至此
長者知子　愚癡狹劣　不信我言　不信是父
即以方便　更遣餘人　眇目矬陋　无威德者
汝可語之　云當相雇　除諸糞穢　倍與汝價
窮子聞之　歡喜隨來　為除糞穢　淨諸房舍
長者於牖　常見其子　念子愚劣　樂為鄙事
於是長者　著弊垢衣　執除糞器　往到子所
方便附近　語令勤作
既益汝價　并塗足油　飲食充足　薦席厚煖
如是苦言　汝當勤作　又以濡語　若如我子

如是苦言　汝當勤作　又以濡語　若如我子
長者有智　漸令入出　經二十年　執作家事
示其金銀　真珠頗梨　諸物出入　皆使令知
猶處門外　止宿草庵　自念貧事　我无此物
父知子心　漸已廣大　欲與財物　即聚親族
國王大臣　剎利居士　於此大衆　說是我子
捨我他行　經五十歲　自見子來　已二十年
昔於某城　而失是子　周行求索　遂來至此
凡我所有　舍宅人民　悉以付之　恣其所用
子念昔貧　志意下劣　今於父所　大獲珍寶
并及舍宅　一切財物　甚大歡喜　得未曾有
佛亦如是　知我樂小　未曾說言　汝等作佛
而說我等　得諸无漏　成就小乘　聲聞弟子

我承佛教　爲大菩薩　以諸因緣　種種譬喻
若干言辭　說无上道　諸佛子等　從我聞法
日夜思惟　精勤修習　是時諸佛　即授其記
汝扵來世　當得作佛　一切諸佛　秘藏之法
但爲菩薩　演其實事　而不爲我　說斯真要
如彼窮子　得近其父　雖知諸物　心不悕取
我等雖說　佛法寶藏　自无志願　亦復如是
我等內滅　自謂爲足　唯了此事　更无餘事
我等若聞　淨佛國土　教化衆生　都无欣樂
所以者何　一切諸法　皆悉空寂　无生无滅
无大无小　无漏无爲　如是思惟　不生喜樂
我等長夜　扵佛智慧　无貪无著　无復志願
而自扵法　謂是究竟　我等長夜　修習空法
得脫三界　苦惱之患　住冣後身　有餘涅槃

得脫三界　苦惱之患　住最後身　有餘涅槃
佛所教化　得道不虛　則為已得　報佛之恩
我等雖為　諸佛子等　說菩薩法　以求佛道
而於是法　永无願樂　導師見捨　觀我心故
初不勸進　說有實利　如富長者　知子志劣
以方便力　柔伏其心　然後乃付　一切財寶
佛亦如是　現希有事　知樂小者　以方便力
調伏其心　乃教大智　我等今日　得未曾有
非先所望　而今自得　如彼窮子　得无量寶
世尊我今　得道得果　於无漏法　得清淨眼
我等長夜　持佛淨戒　始於今日　得其果報
法王法中　久脩梵行　今得无漏　无上大果
我等今日　真是聲聞　以佛道聲　令一切聞

憐愍教化　利益我等　无量億劫　誰能報者
手足供給　頭頂礼敬　一切供養　皆不能報
若以頂戴　兩肩荷負　於恒沙劫　盡心恭敬
又以美饍　无量寶衣　及諸卧具　種種湯藥
牛頭栴檀　及諸珎寶　以起塔廟　寶衣布施
如斯等事　以用供養　於恒沙劫　亦不能報
諸佛希有　无量无邊　不可思議　大神通力
无漏无為　諸法之王　能為下劣　忍于斯事
取相凡夫　隨宜為說　諸佛於法　得冣自在
知諸衆生　種種欲樂　及其志力　隨所堪任
以无量喻　而為說法　隨諸衆生　宿世善根
又知成熟　未成熟者　種種籌量　分別知已
於一乘道　隨宜說三

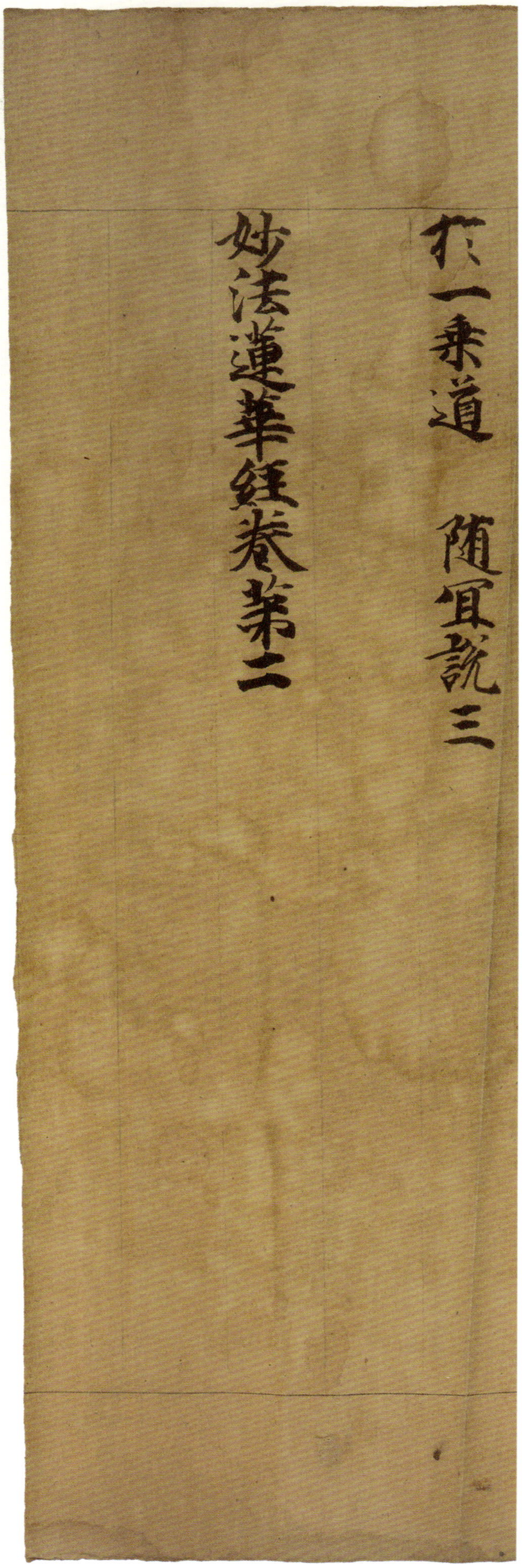

於一乘道　隨宜說三

妙法蓮華經卷第二

BD00813 金剛般若波羅蜜經

（後秦）鳩摩羅什 譯

94.6cm × 25.6cm

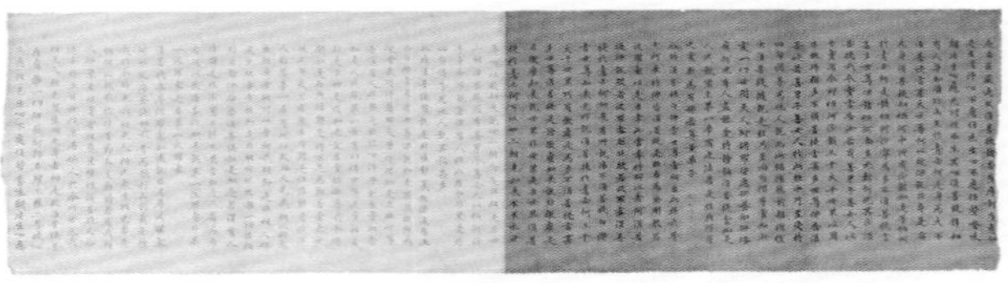

是名莊嚴是故須菩提諸菩薩摩訶薩應如
是生清淨心不應住色生心不應住聲香味
觸法生心應无所住而生其心須菩提譬如
有人身如須弥山王於意云何是身為大不
須菩提言甚大世尊何以故佛說非身是名
大身須菩提如恒河中所有沙數如是等恒河
於意云何是諸恒河沙寧為多不須菩提言
甚多世尊但諸恒河尚多无數何况其沙須
菩提我今實言告汝若有善男子善女人以
七寶滿尒所恒河沙數三千大千世界以用
布施得福多不須菩提言甚多世尊佛告須
菩提若善男子善女人於此經中乃至受持
四句偈等為他人說而此福德勝前福德復

廟何況有人盡能受持讀誦須菩提當知是
人成就最上第一希有之法若是經典所在
之處則為有佛若尊重弟子 ○○○○
尒時須菩提白佛言世尊當何名此經我等
云何奉持佛告須菩提是經名為金剛般若
波羅蜜以是名字汝當奉持所以者何須菩
提佛說般若波羅蜜則非般若波羅蜜須菩
提於意云何如来有所說法不須菩提白佛
言世尊如来无所說須菩提於意云何三千
大千世界所有微塵是為多不須菩提言甚
多世尊須菩提是諸微塵如来說非微塵是
名微塵如来說世界非世界是名世界須菩
提於意云何可以卅二相見如来不不也世

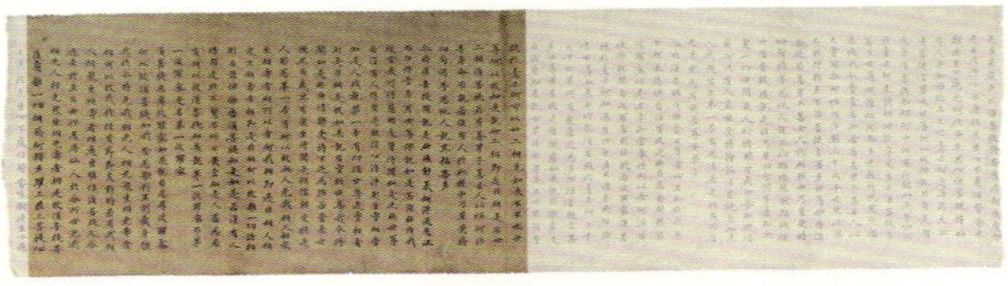

提於意云何可以卅二相見如来不不也世
尊何以故如来說卅二相即是非相是名卅
二相須菩提若有善男子善女人以恒河沙
等身命布施若復有人於此經中乃至受持
四句偈等為他人說其福甚多
尒時須菩提聞說是經深解義趣涕淚悲泣
而白佛言希有世尊佛說如是甚深經典我
從昔来所得慧眼未曾得聞如是之經世尊
若復有人得聞是經信心清淨則生實相當
知是人成就第一希有功德世尊是實相者
則是非相是故如来說名實相世尊我今得
聞如是經典信解受持不足為難若當来世
後五百歲其有衆生得聞是經信解受持是

衆生相壽者相即是非相何以故離一切諸相
則名諸佛佛告須菩提如是如是若復有人
得聞是經不驚不怖不畏當知是人甚爲希
有何以故須菩提如來說第一波羅蜜非第
一波羅蜜是名第一波羅蜜
須菩提忍辱波羅蜜如來說非忍辱波羅蜜
何以故須菩提如我昔爲歌利王割截身體
我於尒時无我相无人相无衆生相无壽者
相何以故我於往昔節節支解時若有我相
人相衆生相壽者相應生瞋恨須菩提又念
過去於五百世作忍辱仙人於尒所世无我
相无人相无衆生相无壽者相是故須菩提菩
薩應離一切相發阿耨多羅三藐三菩提心

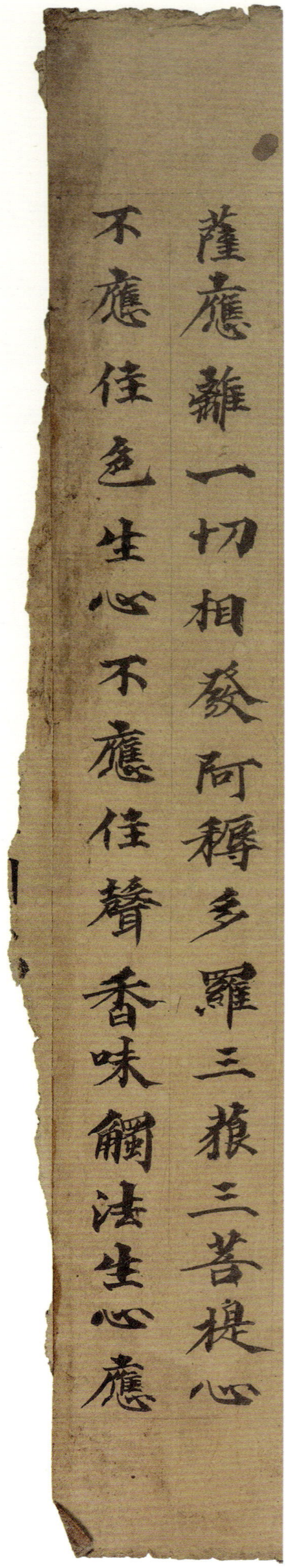

薩應離一切相發阿耨多羅三藐三菩提心
不應住色生心不應住聲香味觸法生心應

BD00814 維摩詰所說經卷上

（後秦）鳩摩羅什 譯

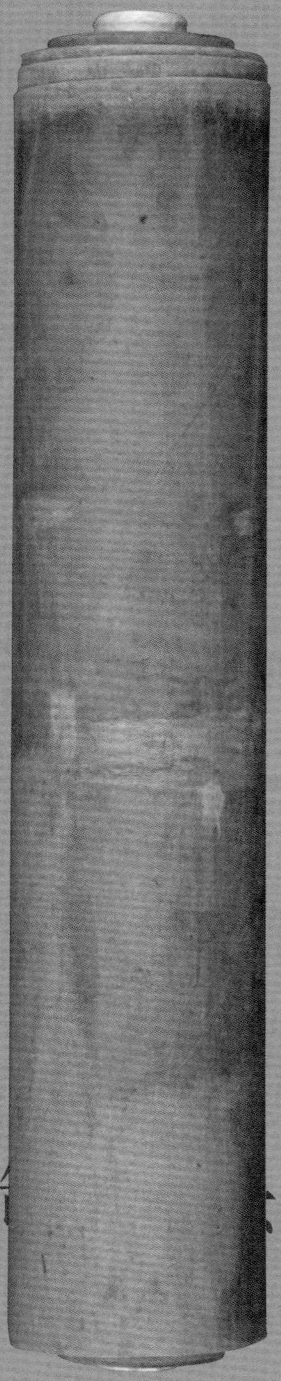

777.8cm × 25cm

言我見此土丘陵坑坎荊
穢惡充滿螺髻梵言仁者心有高下不
佛慧故見此土為不淨耳舍利弗菩薩
切衆生悉皆平等深心清淨依佛智慧則能
見此佛土清淨於是佛以足指按地即時三
千大千世界若干百千珎寶嚴飾譬如寶莊
嚴佛無量功德寶莊嚴土一切大衆歎未曾
有而皆自見坐寶蓮華佛告舍利弗汝且觀
是佛土嚴淨舍利弗言唯然世尊本所不見
本所不聞今佛國土嚴淨悉現佛語舍利弗我
佛國土常淨若此為欲度斯下劣人故示是
衆惡不淨土耳譬如諸天共寶器食隨其
福德飯色有異如是舍利弗若人心淨便見

人發阿耨多羅三藐三菩提心佛攝神足
於是世界還復如故求聲聞乘三万二千天
及人知有為法皆悉無常遠塵離垢得法眼
淨八千比丘不受諸法漏盡意解

方便品第二

尒時毗耶離大城中有長者名維摩詰已曾
供養無量諸佛深殖善本得無生忍辯才無
㝵遊戲神通逮諸揔持獲無所畏降魔勞怨
入深法門善於智度通達方便大願成就明了
衆生心之所趣又能分別諸根利鈍久於佛道
心已淳淑決定大乘諸有所作能善思量
住佛威儀心大如海諸佛咨嗟弟子釋梵世
主所敬欲度人故以善方便居毗耶離資財

住佛威儀心大如海諸佛咨嗟弟子釋梵世
主所敬欲度人故以善方便居毗耶離資財
無量攝諸貧民奉戒清淨攝諸毀禁以忍
調行攝諸恚怒以大精進攝諸懈怠一心禪
寂攝諸乱意以決定慧攝諸無智雖為白衣
奉持沙門清淨律行雖處居家不著三界示
有妻子常脩梵行現有眷屬常樂遠離雖服
寶飾而以相好嚴身雖復飲食而以禪悅為
味若至博弈戲處輒以度人受諸異道不毀
正信雖明世典常樂佛法一切見敬為供養
中最執持正法攝諸長幼一切治生諧偶雖
獲俗利不以喜悅遊諸四衢饒益眾生入治
政法救護一切入講論處導以大乘入諸學
堂誘開童蒙入諸婬舍示欲之過入諸酒肆能
立其志若在長者長者中尊為說勝法

中尊教以忍辱若在婆羅門婆羅門中尊除
其我慢若在大臣大臣中尊教以正法若在
王子王子中尊示以忠孝若在内官内官中
尊化政宫女若在庶民庶民中尊令興福力
若在梵天梵天中尊誨以勝慧若在帝釋帝
釋中尊示現無常若在護世護世中尊護諸
衆生長者維摩詰以如是等無量方便饒益
衆生其以方便現身有疾以其疾故國王大
臣長者居士婆羅門等及諸王子并餘官屬
無數千人皆往問疾其往者維摩詰因以身
疾廣為説法諸仁者是身無常無强無力無
堅速朽之法不可信也為苦為惱衆病所集
諸仁者如此身明智者所不怙是身如聚沫

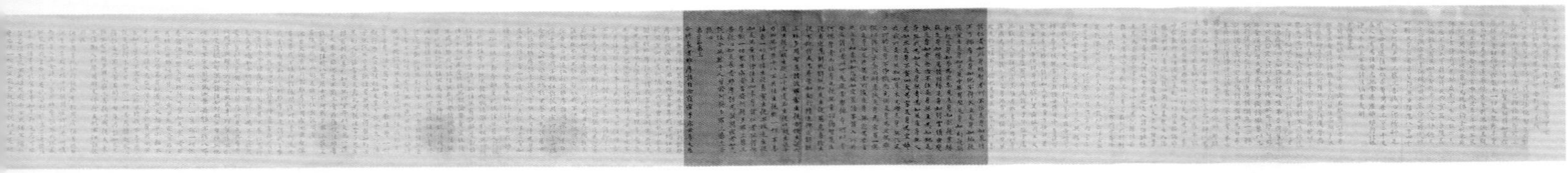

諸仁者如此身明智者所不怙是身如聚沫
不可撮摩是身如泡不得久立是身如焰從
渴愛生是身如芭蕉中無有堅是身如幻從顛
倒起是身如夢為虛妄見是身如影從業緣
現是身如響屬諸因緣是身如浮雲須臾變
滅是身如電念念不住是身無主為如地是
身無我為如火是身無壽為如風是身無人
為如水是身不實四大為家是身為空離
我我所是身無知如草木瓦礫是身無作風
力所轉是身不淨穢惡充滿是身為虛偽雖
假以澡浴衣食必歸磨滅是身為灾百一病
惱是身如丘井為老所逼是身無定為要當
死是身如毒虵如怨賊如空聚陰界諸入所共

從戒定慧解脫解脫知見生從慈悲喜捨生
從布施持戒忍辱柔和勤行精進禪定解脫
三昧多聞智慧諸波羅蜜生從方便生從六
通生從三明生從三十七道品生從止觀生從十
力四無所畏十八不共法生從斷一切不善
法集一切善法生從真實生從不放逸生從
如是無量清淨法生如來身諸仁者欲得佛
身斷一切衆生病者當發阿耨多羅三藐三
菩提心如是長者維摩詰為諸問疾者如應
説法令無數千人皆發阿耨多羅三藐三菩
提心

弟子品第三

尒時長者維摩詰自念寢疾于床世尊大慈

尒時長者維摩詰自念寢疾于床世尊大慈
寧不垂愍佛知其意即告舍利弗汝行詣維
摩詰問疾舍利弗白佛言世尊我不堪任詣
彼問疾所以者何憶念我昔曾於林中宴坐
樹下時維摩詰來謂我言唯舍利弗不必是
坐為宴坐也夫宴坐者不於三界現身意是
為宴坐不起滅定而現諸威儀是為宴坐不
捨道法而現凡夫事是為宴坐心不住內亦
不在外是為宴坐於諸見不動而脩行三十
七品是為宴坐不斷煩惱而入涅槃是為宴坐
若能如是坐者佛所印可時我世尊聞說是
語默然而止不能加報故我不任詣彼問疾
佛告大目揵連汝行詣維摩詰問疾目連白
佛言世尊我不堪任詣彼問疾所以者何憶念

說法時維摩詰来謂我言唯大目連為白衣
居士說法不當如仁者所說夫說法者當如
法說法無衆生離衆生垢故法無有我離、
我垢故法無壽命離生死故法無有人前後
際斷故法常寂然滅諸相故法離於相無所緣
故法無名字言語斷故法無有說離覺觀故
法無形相如虛空故法無戲論畢竟空故法
無我所離我所故法無分別離諸識故法無
有比無相待故法不屬因不待緣故法同法
性入諸法故法隨於如無所隨故法住實際
諸邊不動故法無動搖不依六塵故法無去
来常不住故法順空隨無相應無作法離好
醜法無增損法無生滅法無所歸法過眼耳

醜法無增損法無生滅法無所歸法過眼耳
鼻舌身心法無高下法常住不動法離一切
觀行唯大目連法相如是豈可說乎夫說法
者無說無示其聽法者無聞無得譬如幻士
為幻人說法當建是意而為說法當了眾生
根有利鈍善於知見無所罣㝵以大悲心讚
于大乘念報佛恩不斷三寶然後說法維摩
詰說是法時八百居士發阿耨多羅三藐三
菩提心我無此辯是故不任詣彼問疾
佛告大迦葉汝行詣維摩詰問疾迦葉白佛
言世尊我不堪任詣彼問疾所以者何憶念
我昔於貧里而行乞時維摩詰來謂我言唯
大迦葉有慈悲心而不能普捨豪富從貧乞

乞食為壞和合相故應取揣食為不受故應
受彼食以空聚想入於聚落所見色與盲等
所聞聲與響等所嗅香與風等所食味不分
別受諸觸如智證知諸法如幻相無自性無他
性本自不然今則無滅迦葉若能不捨八邪
入八解脫以邪相入正法以一食施一切供
養諸佛及衆賢聖然後可食如是食者非
有煩惱非離煩惱非入定意非起定意非住
世間非住涅槃其有施者無大福無小福不
為益不為損是為正入佛道不依聲聞迦葉
若如是食為不空食人之施也時我世尊聞
說是語得未曾有即於一切菩薩深起敬心
復作是念斯有家名辯才智慧乃能如是其
誰不發阿耨多羅三藐三菩提心我從是来

誰不發阿耨多羅三藐三菩提心我從是来
不復勸人以聲聞辟支佛行是故不任詣彼
問疾
佛告須菩提汝行詣維摩詰問疾須菩提白
佛言世尊我不堪任詣彼問疾所以者何憶
念我昔入其舍從乞食時維摩詰取我鉢盛
滿飯謂我言唯須菩提若能於食等者諸法
亦等諸法等者於食亦等如是行乞乃可取
食若須菩提不斷婬怒癡亦不與俱不壞於
身而隨一相不滅癡愛起於明脫以五逆相
而得解脫亦不解不縛不見四諦非不見諦
非得果非凡夫非離凡夫法非聖人非不聖
人雖成就一切法而離諸法相乃可取食若

耆多翅舍欽婆羅迦羅鳩馱迦旃延尼揵陀
若提子等是汝之師因其出家彼師所墮汝
亦隨墮乃可取食若須菩提入諸邪見不到
彼岸住於八難不得無難同於煩惱離清淨
法汝得無諍三昧一切衆生亦得是定其施
汝者不名福田供養汝者墮三惡道為與衆
魔共一手作諸勞侶汝與衆魔及諸塵勞等
無有異於一切衆生而有怨心謗諸佛毀於
法不入衆數終不得滅度汝若如是乃可取
食時我世尊聞此茫然不識是何言不知以
何荅便置鉢欲出其舍維摩詰言唯須菩提
取鉢勿懼於意云何如來所作化人若以是
事詰寧有懼不我言不也維摩詰言一切諸

BD00814　維摩詰所説經卷上

事詰寧有懼不我言不也維摩詰言一切諸
法如幻化相汝今不應有所懼也所以者何一
切言說不離是相至於智者不著文字故
無所懼何以故文字性離無有文字是則解
脫解脫相者則諸法也維摩詰說是法時二
百天子得法眼淨故我不任詣彼問疾
佛告富樓那彌多羅尼子汝行詣維摩詰問
疾富樓那白佛言世尊我不堪任詣彼問疾
所以者何憶念我昔於大林中在一樹下為
諸新學比丘說法時維摩詰來謂我言唯富
樓那先當入定觀此人心然後說法無以穢食
置於寶器當知是比丘心之所念無以瑠璃
同彼水精汝不能知眾生根原無得發起以

大富樓那此比丘久發大乘心中忘此意如
何以小乘法而教導之我觀小乘智慧微淺
猶如盲人不能分別一切衆生根之利鈍時
維摩詰即入三昧令此比丘自識宿命曾
於五百佛所殖衆德本迴向阿耨多羅三藐
三菩提即時豁然還得本心於是諸比丘稽
首礼維摩詰足時維摩詰因為說法於阿
耨多羅三藐三菩提不復退轉我念聲聞不
觀人根不應說法是故不任詣彼問疾
佛告摩訶迦旃延汝行詣維摩詰問疾迦旃
延白佛言世尊我不堪任詣彼問疾所以者
何憶念昔者佛為諸比丘略說法要我即於
後敷演其義謂無常義苦義空義無我義寂

後敷演其義謂無常義苦義空義無我義寂
滅義時維摩詰来謂我言唯迦旃延無以生
滅心行說實相法迦旃延諸法畢竟不生不
滅是無常義五受陰通達空無所起是苦義
諸法究竟無所有是空義於我無我而不二
是無我義法本不然今則無滅是寂滅義說
是法時彼諸比丘心得解脫故我不任詣彼
問疾
佛告阿那律汝行詣維摩詰問疾阿那律白
佛言世尊我不堪任詣彼問疾所以者何憶
念我昔於一處經行時有梵王名曰嚴淨與
万梵俱放淨光明来詣我所稽首作礼問我
言幾何阿那律天眼所見我即荅言仁者吾

眼所見爲作相耶無作相耶假使作相則與外
道五通等若無作相即是無爲不應有見世
尊我時默然彼諸梵聞其言得未曾有即爲
作礼而問曰世孰有真天眼者維摩詰言有佛
世尊得真天眼常在三昧悉見諸佛國不以
二相於是嚴淨梵王及其眷屬五百梵天皆
發阿耨多羅三藐三菩提心礼維摩詰足
已忽然不現故我不任詣彼問疾
佛告優波離汝行詣維摩詰問疾優波離白
佛言世尊我不堪任詣彼問疾所以者何憶
念昔者有二比丘犯律行以爲恥不敢問佛
來問我言唯優波離我等犯律誠以爲恥不
敢問佛願解疑悔得勉斯咎我即爲其如法

來問我言唯優波離我等犯律誠以爲恥不
敢問佛願解疑悔得勉斯各我即爲其如法
解說時維摩詰來謂我言唯優波離無重
增此二比丘罪當直除滅勿擾其心所以者何
彼罪性不在內不在外不在中間如佛所說
心垢故衆生垢心淨故衆生淨心亦不在內不
在外不在中間如其心然罪垢亦然諸法
亦然不出於如如優波離以心相得解脫時
寧有垢不我言不也維摩詰言一切衆生心
相無垢亦復如是唯優波離妄想是垢無妄
想是淨顛倒是垢無顛倒是淨取我是垢不
取我是淨優波離一切法生滅不住如幻如
電諸法不相待乃至一念不住諸法皆妄見
如夢如焰如水中月如鏡中像以妄想生其知
此者是名奉律其知此者是名善解

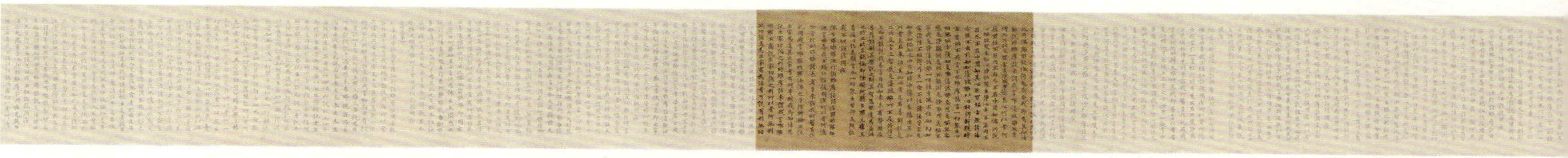

上而不能説我答言自捨如来未有聲聞及
菩薩能制其樂説之辯其智慧明達為若此
世時二比丘疑悔即除發阿耨多羅三藐三
菩提心作是願言令一切衆生皆得是辯故
我不任詣彼問疾
佛告羅睺羅汝行詣維摩詰問疾羅睺羅白
佛言世尊我不堪任詣彼問疾所以者何憶
念昔時毗耶離諸長者子来詣我所稽首作
礼問我言唯羅睺羅汝佛之子捨轉輪王位
出家為道其出家者有何等利我即如法為
説出家功德之利時維摩詰来謂我言唯羅
睺羅不應説出家功德之利所以者何無利
無功德是為出家有為法者可説有利無功

無功德是為出家有為法者可說有利無功
德夫出家者為無為法無為法中無利無功
德羅睺羅夫出家者無彼無此亦無中間離
六十二見處於涅槃智者所受聖所行處降
伏衆魔度五道淨五眼得五力立五根不惱
於彼離衆雜惡摧諸外道超越假名出淤泥
無繫著無我所無所受無擾乱內懷喜護彼
意隨禪定離衆過若能如是是真出家於是
維摩詰語諸長者子汝等於正法中宜共出
家所以者何佛世難值諸長者子言居士我
聞佛言父母不聽不得出家維摩詰言然汝
等便發阿耨多羅三藐三菩提心是即出家
是即具足尒時三十二長者子皆發阿耨多

世尊我不堪任詣彼問疾所以者何憶念昔
時世尊身小有疾當用牛乳我即持鉢詣大
婆羅門家門下立時維摩詰来謂我言唯阿
難何為晨朝持鉢住此我言居士世尊身小
有疾當用牛乳故来至此維摩詰言止止阿
難莫作是語如来身者金剛之體諸悪已斷衆
善普會當有何疾當有何惱嘿往阿難勿謗
如来莫使異人聞此麁言無令大威德諸天
及他方淨土諸来菩薩得聞斯語阿難轉輪
聖王以少福故尚得無病豈況如来無量福
會普勝者哉行矣阿難勿使我等受斯恥世
外道梵志若聞此語當作是念何名為師自
疾不能救而能救諸疾人可密速去勿使人

BD00814　維摩詰所説經卷上

疾不能救而能救諸疾人可密速去勿使人
聞當知阿難諸如來身即是法身非思欲身
佛為世尊過於三界佛身無漏諸漏已盡佛
身無為不墮諸數如此之身當有何疾時我
世尊實懷慚愧得無近佛而謬聽耶即聞空
中聲曰阿難如居士言但為佛出五濁惡世
現行斯法度脫衆生行矣阿難取乳勿慚世
尊維摩詰智慧辯才為若此也是故不任詣
彼問疾如是五百大弟子各各向佛說其本
緣稱述維摩詰所言皆曰不任詣彼問疾

菩薩品第四

於是佛告彌勒菩薩汝行詣維摩詰問疾彌
勒白佛言世尊我不堪任詣彼問疾所以者

仁者記一生當得阿耨多羅三藐三菩提為用
何生得授記乎過去耶未来耶現在耶若
過去生過去生已滅若未来生未来生未至
若現在生現在生無住如佛所説比丘汝今
即時亦生亦老亦滅若以無生得授記者無
生即是正位於正位中亦無授記亦無得阿
耨多羅三藐三菩提云何弥勒授一生記乎
為從如生得授記也為從如滅得授記耶若
以如生得授記者如無有生若以如滅得授
記者如無有滅一切衆生皆如也一切法亦
如也衆聖賢亦如也至於弥勒亦如也若弥
勒得授記者一切衆生亦應授記所以者何
夫如者不二不異若弥勒得阿耨多羅三藐

夫如者不二不異若弥勒得阿耨多羅三藐
三菩提者一切衆生皆亦應得所以者何一
切衆生即菩提相若弥勒滅度者一切衆生
亦當滅度所以者何諸佛知一切衆生畢竟
寂滅即涅槃相不復更滅是故弥勒無以此
法誘諸天子實無發阿耨多羅三藐三菩提
心者亦無退者弥勒當令此諸天子捨於分
別菩提之見所以者何菩提者不可以身得
不可以心得寂滅是菩提滅諸相故不觀是
菩提離諸緣故不行是菩提無憶念故斷是
菩提捨諸見故離是菩提離諸妄想故鄣是
菩提鄣諸願故不入是菩提無貪著故順是菩
提順於如故住是菩提住法性故至是菩提至

提了衆生心行故不會是菩提諸入不會故
不合是菩提離煩惱習故無處是菩提無形
色故假名是菩提名字空故如化是菩提無
取捨故無亂是菩提常自靜故善寂是菩提
性清淨故無取是菩提離攀緣故無異是菩
提諸法等故無比是菩提無可喻故微妙是
菩提諸法難知故世尊維摩詰説是法時二
百天子得無生法忍故我不任詣彼問疾
佛告光嚴童子汝行詣維摩詰問疾光嚴白
佛言世尊我不堪任詣彼問疾所以者何憶
念我昔出毗耶離大城時維摩詰方入城我
即為作礼而問言居士從何所来荅我言吾
從道場来我問道場者何所是荅曰直心是

從道場來我問道場者何所是荅曰直心是
道場無虛假故發行是道場能辦事故深心
是道場增益功德故菩提心是道場無錯謬故
布施是道場不望報故持戒是道場得願具
故忍辱是道場於諸衆生心無导故精進是
道場不懈怠故禪定是道場心調柔故智慧
是道場現見諸法故慈是道場等衆生故悲
是道場忍疲苦故喜是道場悅樂法故捨是
道場憎愛斷故神通是道場成就六通故解
脫是道場能背捨故方便是道場教化衆生
故四攝是道場攝衆生故多聞是道場如聞
行故伏心是道場正觀諸法故三十七品是
道場捨有為法故諦是道場不誑世間故緣

法是道場知諸法空故降魔是道場不傾
動故三界是道場無所趣故師子吼是道場
無所畏故力無所畏不共法是道場無諸過故
三明是道場無餘㝵故一念知一切法是道場
成就一切智故如是善男子菩薩若應諸波
羅蜜教化衆生諸有所作舉足下足當知皆
從道場来住於佛法矣說是法時五百天人
皆發阿耨多羅三藐三菩提心故我不任
詣彼問疾
佛告持世菩薩汝行詣維摩詰問疾持世白
佛言世尊我不堪任詣彼問疾所以者何憶念
我昔住於靜室時魔波旬從万二千天女狀
如帝釋鼓樂絃歌来詣我所與其眷屬稽首

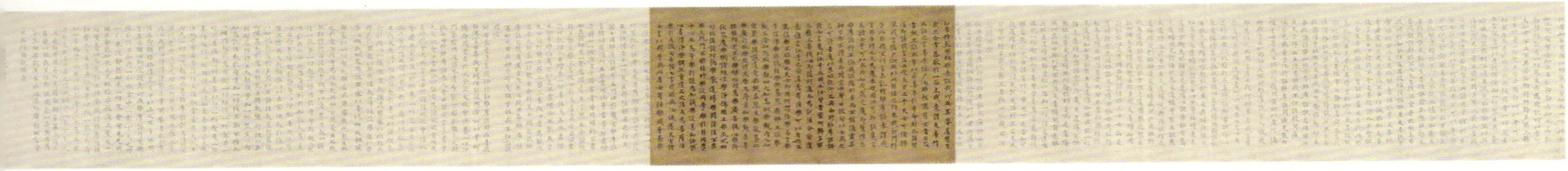

如帝釋鼓樂絃歌來詣我所與其眷屬稽首
我足合掌恭敬於一面立我意謂是帝釋
而語之言善來憍尸迦雖福應有不當自恣
當觀五欲無常以求善本於身命財而脩堅
法即語我言正士受是万二千天女可備掃
灑我言憍尸迦無以此非法之物要我沙門釋
子此非我宜所言未訖時維摩詰來謂我
言非帝釋也是為魔來嬈固汝耳即語魔言
是諸女等可以與我如我應受魔即驚懼念
維摩詰將無惱我欲隱形去而不能隱盡其
神力亦不得去即聞空中聲曰波旬以女與之
乃可得去魔以畏故俛仰而與尒時維摩詰語
諸女言魔以汝等與我今汝皆當發阿耨多羅

應復樂五欲樂也天女即問何謂法樂荅言樂
常信佛樂欲聽法樂供養衆樂離五欲樂
觀五陰如怨賊樂觀四大如毒虵樂觀內入如
空聚樂隨護道意樂饒益衆生樂敬養師
樂廣行施樂堅持戒樂忍辱柔和樂懃集善
根樂禪定不乱樂離垢明慧樂廣菩提心樂降
伏衆魔樂斷諸煩惱樂淨佛國土樂成就相
好故脩諸功德樂嚴道場樂聞深法不畏
樂三脫門不樂非時樂近同學樂於非同學
中心無恚㝵樂將護惡知識樂近善知識樂
心喜清淨樂脩無量道品之法是為菩薩法
樂於是波旬告諸女言我欲與汝俱還天宮諸
女言以我等與此居士有法樂我等甚樂

女言以我等與此居士有法樂我等甚樂
不復樂五欲樂也魔言居士可捨此女一切
所有施於彼者是為菩薩維摩詰言我已捨
矣汝便將去令一切衆生得法願具足於是
諸女問維摩詰我等云何止於魔宮維摩詰
言諸姊有法門名無盡燈汝等當學無盡燈
者譬如一燈然百千燈冥者皆明明終不盡
如是諸姊夫一菩薩開導百千衆生令發阿
耨多羅三藐三菩提心於其道意亦不滅盡
隨所說法而自增益一切善法是名無盡燈
也汝等雖住魔宮以是無盡燈令無數天子
天女發阿耨多羅三藐三菩提心者為報佛
恩亦大饒益一切衆生尒時天女頭面礼維

問疾
佛告長者子善德汝行詣維摩詰問疾善德
白佛言世尊我不堪任詣彼問疾所以者何
憶念我昔自於父舍設大施會供養一切沙
門婆羅門及諸外道貧窮下賤孤獨乞人期
滿七日時維摩詰來入會中謂我言長者子
夫大施會不當如汝所設當爲法施之會何用
是財施會爲我言居士何謂法施之會法施
會者無前無後一時供養一切衆生是名法
施之會何謂也謂以菩提起於慈心以救衆
生起大悲心以治正法起於喜心以攝智慧
行於捨心以攝慳貪起檀波羅蜜以化犯戒
起尸波羅蜜以無我法起羼提波羅蜜以離

起尸波羅蜜以無我法起羼提波羅蜜以離
身心相起毗梨耶波羅蜜以菩提相起禪波
羅蜜以一切智起般若波羅蜜教化衆生而
起於空不捨有爲法而起無相示現受生而起
無作護持正法起方便力以度衆生起四攝
法以敬事一切起除慢法於身命財起三堅
法於六念中起思念法於六和敬起質直
心正行善法起於淨命心淨歡喜起近賢
聖不憎惡人起調伏心以出家法起於深心
以如說行起於多聞以無諍法起空閑處趣
向佛慧起於宴坐解衆生縛起脩行地以具
相好及淨佛土起福德業知一切衆生心念
如應說法起於智業知一切法不取不捨入

善法起於一切助佛道法如是善男子是爲
法施之會若菩薩住是法施會者爲大施主
亦爲一切世間福田世尊維摩詰説是法時婆
羅門衆中二百人皆發阿耨多羅三藐三菩
提心我時心得清淨歎未曾有稽首礼維摩
詰足即解瓔珞價直百千以上之不肯取我
言居士願必納受隨意所與維摩詰乃受瓔
珞分作二分持一分施會中一最下乞人持
一分奉彼難勝如來一切衆會皆見光明
國土難勝如來又見珠瓔在彼佛上變成四
柱寶臺四面嚴飾不相鄣蔽時維摩詰現
神變已作是言若施主等心施一最下乞人猶
如如來福田之相無所分别等于大悲不求

如如来福田之相無所分别等于大悲不求
果報是則名曰具足法施城中一最下乞人
見是神力聞其所即發阿耨多羅三藐三
菩提心故我不任詣彼問疾如是諸菩薩
各各向佛說其本緣稱述維摩詰所言皆
曰不任詣彼問疾

維摩詰經卷第一

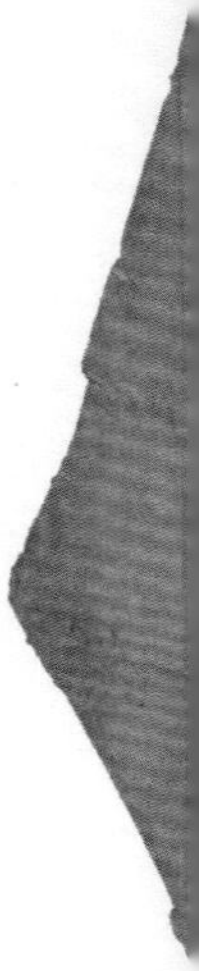

BD00815 金光明最勝王經卷四

（唐）義净 譯

196.6cm × 25.5cm

波羅蜜因
提心因如是十因汝當修學
善男子依五種法菩薩摩訶薩成就布施波
羅蜜云何為五一者信根二者慈悲三者无
求欲心四者攝受一切衆生五者願求一切智
智善男子是名菩薩摩訶薩成就布施波
羅蜜善男子復依五法菩薩摩訶薩成就持
戒波羅蜜云何為五一者三業清淨二者不
為一切衆生作煩惱因緣三者閉諸惡道開
善趣門四者過於聲聞獨覺之地五者一切
功德皆悉滿足善男子是名菩薩摩訶薩
就持戒波羅蜜善男子復依五法菩薩摩訶
薩成就忍辱波羅蜜云何為五一者能伏貪
瞋煩惱二者不惜身命不求安樂止息之想

善男子是名菩薩摩訶薩成就忍辱波羅蜜
善男子復依五法菩薩摩訶薩成就勤策波
羅蜜云何為五一者與諸煩惱不樂共住二者
福德未具不受安樂三者於諸難行苦行
之事不生厭心四者以大慈悲攝受利益方
便成熟一切衆生五者願求不退轉地善男
子是名菩薩摩訶薩成就勤策波羅蜜善男
子復依五法菩薩摩訶薩成就靜慮波羅蜜
云何為五一者於諸善法攝令不散故二者
常願解脫不著二邊故三者願得神通成就
衆生諸善根故四者為淨法界蠲除心垢故
五者為斷衆生煩惱根本故善男子是名菩
薩摩訶薩成就靜慮波羅蜜善男子復依五
法菩薩摩訶薩成就智慧波羅蜜云何為五
一者常於一切諸佛菩薩及明智者供養親

法菩薩摩訶薩成就智慧波羅蜜云何為五
一者常於一切諸佛菩薩及明智者供養親
近不生厭背二者諸佛如來說甚深法心常
樂聞无有厭足三者真俗勝智樂善分別四
者見脩煩惱咸速斷除五者世間伎術五明
之法皆悉通達善男子是名菩薩摩訶薩成
就智慧波羅蜜善男子復依五法菩薩摩訶
薩成就方便波羅蜜云何為五一者於一切
衆生意樂煩惱心行差別悉皆通達二者无
量諸法對治之門心皆曉了三者大慈悲定
出入自在四者於諸波羅蜜多皆願修行成
熟滿足五者一切佛法皆願了達攝受无遺
善男子是名菩薩摩訶薩成就方便勝智波
羅蜜善男子復依五法菩薩摩訶薩成就願

不生不滅非有非無心得安住二者於一切
法最妙理趣離垢清淨心得安住三者過一
切相心本真如无作无行不異不動心得安
住四者為欲利益諸衆生事於俗諦中心得
安住五者於奢摩他毗鉢舍那同時運行心
得安住善男子是名菩薩摩訶薩成就願波
羅蜜善男子復依五法菩薩摩訶薩成就力
波羅蜜云何為五一者以正智力能了一切
衆生心行善惡二者能令一切衆生入於甚
深微妙之法三者一切衆生輪迴生死隨其
緣業如實了知四者於諸衆生三種根性以
正智力能分別知五者於諸衆生如理為說
令種善根成熟度脫皆是智力故善男子是
名菩薩摩訶薩成就力波羅蜜善男子復依
五法菩薩摩訶薩成就智波羅蜜云何為五
一者能於諸法分別善惡二者於黑白法遠

五法菩薩摩訶薩成就智波羅蜜云何為五
一者能於諸法分别善惡二者於黑白法遠
離攝受三者能於生死涅槃不厭不喜四者
具福智行至究竟處五者受勝灌頂能得諸
佛不共法等及一切智智善男子是名菩薩
摩訶薩成就智波羅蜜善男子何者是波羅
蜜義所謂修習勝利是波羅蜜義滿足无量
大甚深智是波羅蜜義行非行法心不執著
是波羅蜜義生死過失涅槃功德正覺正觀
是波羅蜜義愚人智人皆悉攝受是波羅蜜
義能現種種珎妙法寶是波羅蜜義无礙解
脫智慧滿足是波羅蜜義法界衆生界正分
别知是波羅蜜義施等及智能令至不退轉
是波羅蜜義无生法忍能令滿足是波羅蜜

[illegible]
皆悉成就是波羅蜜義生死涅槃了无二相
是波羅蜜義齊度一切是波羅蜜義一切外
道來相詰難善能解釋令其降伏是波羅蜜
義能轉十二妙行法輪是波羅蜜義无所著
无所見无患累是波羅蜜多義
善男子初地菩薩是相先現三千大千世界
无量无邊種種寶藏无不盈滿菩薩悉見善
男子二地菩薩是相先現三千大千世界地
平如掌无量无邊種種妙色清淨珎寶莊嚴
之具菩薩悉見善男子三地菩薩是相先現
自身勇健甲仗莊嚴一切怨賊皆能摧伏菩
薩悉見善男子四地菩薩是相先現四方風
輪種種妙花悉皆散灑充布地上菩薩悉見
善男子五地菩薩是相先現有妙寶女衆寶
瓔珞周遍嚴身首冠名花以為其飾菩薩悉

善男子五地菩薩是相先現有妙寶女衆寶
瓔珞周遍嚴身首冠名花以爲其飾菩薩悉
見善男子六地菩薩是相先現七寶花池有
四階道金砂遍布清淨无穢八功德水皆悉
盈滿嗢鉢羅花拘物頭花分陁利花隨處莊
嚴於花池所遊戲快樂清涼无比菩薩悉見
善男子七地菩薩是相先現於菩薩前有諸
衆生應墮地獄以菩薩力便得不墮无有損
傷亦无恐怖菩薩悉見善男子八地菩薩是
相先現於身兩邊有師子王以爲衛護一切
衆獸悉皆怖畏菩薩悉見善男子九地菩薩
是相先現轉輪聖王无量億衆圍繞供養頂
上白蓋无量衆寶之所莊嚴菩薩悉見善男
子十地菩薩是相先現如來之身金色晃耀

[illegible]
善男子云何初地名爲歡喜謂初證得出世
之心昔所未得而今始得於大事用如其所
願悉皆成就生極喜樂是故最初名爲歡喜
諸微細垢犯戒過失皆得清淨是故二地名
爲无垢无量智惠三昧光明不可傾動无能
摧伏聞持陁羅尼以爲根本是故三地名爲
明地以智惠火燒諸煩惱增長光明修行覺
品是故四地名爲𦦨地修行方便勝智自在
極難得故見修煩惱難伏能伏是故五地名爲
難勝行法相續了了顯現无相思惟皆悉
現前是故六地名爲現前无漏无間无相思
惟解脫三昧遠修行故是地清淨无有障礙
是故七地名爲遠行无相思惟脩得自在諸
煩惱行不能令動是故八地名爲不動說一
切法種種差別皆得自在无患无累增長智

煩惱行不能令動是故八地名為不動說一
切法種種差別皆得自在无患无累增長智
慧自在无礙是故九地名為善慧法身如虛
空智慧如大雲皆能遍滿覆一切故是故第
十名為法雲
善男子執著有相我法无明怖畏生死惡趣

BD00816A　金光明經卷四

（北涼）曇無讖　譯

47.5cm × 26.3cm

空澤池時長者子見其子還心生歡喜踊躍
无量從子邊取飲食之物散著池中與魚
食已即自思惟我今已能與此魚食令其飽
滿未來之世當施法食復更思惟曾聞過去
空閑之處有一比丘讀誦大乘方等經典其經
中說若有衆生臨命終時得聞寶勝如來名
号即生天上我今當爲是十千魚解脫甚深
十二因緣亦當稱說寶勝佛名時閻浮提中有
二種人一者深信大乘方等二者毀呰不生信
樂時長者子作是思惟我今當入池水之
中爲是諸魚說深妙法思惟是已即便入水
作如是言南无過去寶勝如來應供正遍知明
行足善逝世間解无上士調御丈夫天人師佛

[illegible]

者當令是輩即命終已尋得上生三十三天

尒時流水復爲是魚解脫如是甚深妙法所

謂无明緣行行緣識識緣名色名色緣六入六

入緣觸觸緣受受緣愛愛緣取取緣有有緣

生生緣老死憂悲苦聚善女天尒時流水長

者子及其二子説是法已即共還家是長

者子復於後時賓容聚會醉酒而卧尒時其

地卒大震動時十千魚同日命終即令終已生

切利天既生天已作是思惟我等以何善

業因緣得生於此切利天中復相謂言我等

先於閻浮提内墮畜生中受於魚身流水長

者與我等水及以飲食復爲我等解脫甚深

十二因緣并稱寶勝如來名号以是因緣令

BD00816B 妙法蓮華經卷七

（後秦）鳩摩羅什 譯

47cm × 27cm

觀世音菩薩言仁者愍我等故受此瓔珞尒
時佛告觀世音菩薩當愍此无盡意菩薩及
四衆天龍夜叉乹闥婆阿脩羅迦樓羅緊那
羅摩睺羅伽人非人等故受是瓔珞即時觀
世音菩薩愍諸四衆及於天龍人非人等受
其瓔珞分作二分一分奉釋迦牟尼佛一分
奉多寶佛塔无盡意觀世音菩薩有如是自
在神力遊於娑婆世界尒時无盡意菩薩以
偈問曰
世尊妙相具　我今重問彼　佛子何因緣　名為觀世音
具足妙相尊　偈荅无盡意　汝聽觀音行　善應諸方所
弘誓深如海　歷劫不思議　侍多千億佛　發大清淨願
我為汝略說　聞名及見身　心念不空過　能滅諸有苦
[illegible]

或在須彌峯　為人所推墮　念彼觀音力　如日虛空住
或被惡人逐　墮落金剛山　念彼觀音力　不能損一毛
或值怨賊遶　各執刀加害　念彼觀音力　咸即起慈心
或遭王難苦　臨刑欲壽終　念彼觀音力　刀尋段段壞
或囚禁枷鎖　手足被杻械　念彼觀音力　釋然得解脫
呪詛諸毒藥　所欲害身者　念彼觀音力　還著於本人
或遇惡羅剎　毒龍諸鬼等　念彼觀音力　時悉不敢害
若惡獸圍遶　利牙爪可怖　念彼觀音力　疾走无邊方
蚖蛇及蝮蠍　氣毒烟火然　念彼觀音力　尋聲自迴去
雲雷鼓掣電　降雹澍大雨　念彼觀音力　應時得消散
眾生被困厄　无量苦逼身　觀音妙智力　能救世間苦
具足神通力　廣脩智方便　十方諸國土　无剎不現身
種種諸惡趣　地獄鬼畜生　生老病死苦　以漸悉令滅

BD00817 妙法蓮華經卷五

（後秦）鳩摩羅什 譯

49.2cm×25.8cm

但一心念　說法因緣　願成佛道　令衆亦尒
是則大利　安樂供養　我滅度後　若有比丘
能演說斯　妙法華經　心无嫉恚　諸惱障礙
亦无憂愁　反罵詈者　又无怖畏　加刀杖等
亦无擯出　安住忍故　智者如是　善脩其心
能住安樂　如我上說　其人功德　千万億劫
筭數譬喻　說不能盡
又文殊師利菩薩摩訶薩於後末世法欲滅時
受持讀誦斯經典者无懷嫉妬諂誑之心亦勿
輕罵學佛道者求其長短若比丘比丘尼優婆
塞優婆夷求聲聞者求辟支佛者求菩薩
道者无得惱之令其疑悔語其人言汝等去道
甚遠終不能得一切種智所以者何汝是放逸

於諸菩薩起大師想於十方諸大菩薩常應深
心恭敬礼拜於一切衆生平等說法以順法故不
多不少乃至深愛法者亦不為多說文殊師利是
菩薩摩訶薩於後末世法欲滅時有成就是第三
安樂行者說是法時无能惱亂得好同學共讀
誦是經亦得大衆而來聽受聽已能持持已能
誦誦已能說說已能書若使人書供養經卷恭敬
尊重讚歎尒時世尊欲重宣此義而說偈言
若欲說是經　當捨嫉恚慢　諂誑邪偽心　常脩質直行
不輕蔑於人　亦不戲論法　不令他疑悔　云汝不得佛
是佛子說法　常柔和能忍　慈悲於一切　不生懈怠心
十方大菩薩　愍衆故行道　應生恭敬心　是則我大師
於諸佛世尊　生无上父想　破於憍慢心　說法无障礙

BD00818　佛名經（十六卷本）卷八

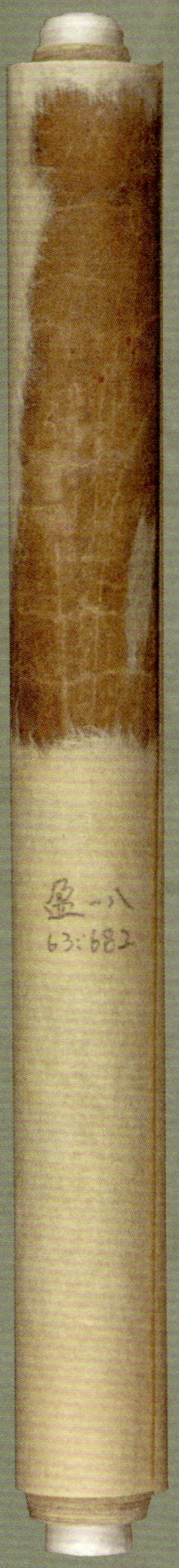

209.5cm × 24.9cm

一劫
南无日輪光明勝佛
若人受持是佛菩薩
南无普寶蓋佛
若善男子受持是佛[illegible]
大劫常現諸佛菩薩前生不復作五逆罪
南无三昧勝奮迅佛
若善男子受持是佛名得千三昧超越世
間无量千劫同弥勒菩薩功德
南无寶俱蘓摩身光明勝佛
若人受持讀誦是佛名超越世間不可數劫
南无寂勝波頭奮迅勝佛
若人受持是佛名超越世間卌劫
[illegible]

常得宿命
南无寶華奮迅如來
若人受持讀誦是佛名得千三昧諸衆生
歸命是人爲諸佛如來所讚歎是人超越
世間千劫不久轉法輪
南无大光明如來
若善男子受持是佛名超越世間卌劫
南无寶藏佛
若善男子受持是佛名超越世間六十劫
南无寶勝佛
若善男子受持是佛名若復有人捨七寶
如須弥山以用布施及恒河沙世界若復
有人受持讀誦是佛名此福勝彼

有人受持讀誦是佛名此福勝彼
南无名降伏魔人勝佛　南无降伏貪人自在佛
南无降伏瞋勝人佛　南无降伏癡自在佛
南无降伏浄魔人勝佛　南无降伏限自在佛
南无嫉人勝佛　南无降伏諂曲自在佛
南无降伏邪見人勝佛　南无降伏戱自在佛
南无法清淨人勝佛　南无業勝得名自在佛
南无如意通清淨得名人勝佛
南无起施得名自在佛
南无起持戒清淨名人勝佛
南无起忍辱得名自在名佛
南无起精進得名人勝佛
南无施思惟得名自在勝佛
南无起思惟得□人勝名

南无[illegible][illegible]思惟得名自在佛
南无起思惟精進得名人勝佛
南无起禪成就自在佛
南无起般若得名人勝佛
南无禪思惟得名自在佛
南无般若思惟得名人勝佛
南无行不可思議得名自在勝佛
南无行不可思議得名人勝佛
南无行起得名自在佛
南无揔持智清淨光明人勝佛
南无揔持色清淨得名自在佛
南无陁羅尼性清淨自在勝佛
南无陁羅尼稱清淨得名人勝佛
南无陁羅尼施清淨得名自在佛

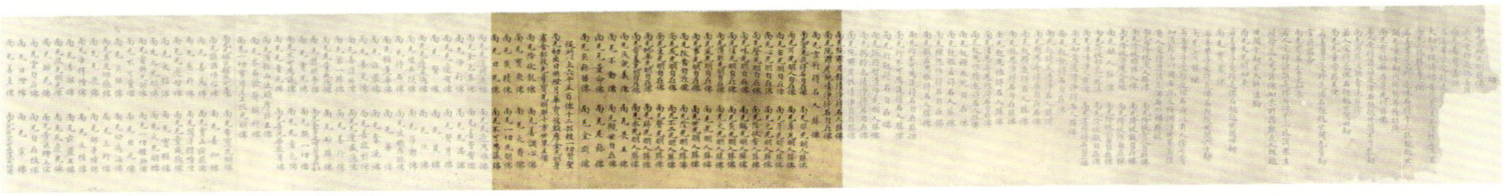

南无陁羅尼稱清淨得名人勝佛
南无陁羅尼施清淨得名自在佛
南无空行得名人勝佛
南无空无我得名自在佛　南无眼光明人勝佛
南无耳光明人自在佛　南无鼻光明人勝佛
南无舌光明自在佛　南无身光明人勝佛
南无心光明自在佛　南无色光明人勝佛
南无聲光明自在佛　南无降伏香人勝佛
南无味光明自在佛　南无觸光明人勝佛
南无法光明自在佛　南无炎光明人勝佛
南无讚歎光明自在佛　南无火光明人勝佛
南无風光明自在佛　南无光明人勝佛
南无事光明自在佛　南无世光明人勝佛
南无挨告自在佛　南无陰光明人勝佛
南[illegible]佛　[illegible]

南无[illegible]光明自在佛　南无塵光明人勝佛
南无地華光明自在佛　南无髮光明人勝佛
南无香蓋光明自在佛　南无永光明人勝佛
南无成就義佛　南无畏王佛
南无不動佛　南无觀世自在佛
南无无量命佛　南无尼弥佛
南无炎弥留佛　南无金剛佛
從此以上六千五百佛十二部經一切賢聖
南无初出日燃燈月華寶波頭摩金光明身
盧舍那放无量寶光明照十方世界王佛
南无降伏龍佛　南无善調心佛
南无寶聚佛　南无火首佛
南无炎積佛　南无一切光明佛
南无日光佛　南无不可思議佛

南无炎稱佛　南无一十光明佛
南无日光佛　南无不可思議佛
南无无邊精進佛　南无无邊思惟佛
南无金色華佛　南无善香香佛
南无淨行佛　南无无漏佛
南无无邊智佛　南无賢身佛
南无賢佛　南无見佛
南无无邊威德佛　南无次佛
南无堅安隱佛　南无莎羅佛
南无得名佛　南无波頭摩勝佛
南无稱蓮華佛　南无華佛
南无莊嚴佛　南无奮迅佛
南无善見佛　南无善敵對佛
南无善護世佛　南无无邊威德佛
南无[illegible]佛　南无善行佛

南无[illegible]　[illegible]

南无勝供養佛　南无火奮迅智聲自在王佛

南无電光佛　南无照一切佛

南无不可思議佛　南无无量色佛

南无无量光佛　南无善光華敷身佛

南无須弥山波頭摩勝王佛

南无求名發聲徧行佛

南无一切寶摩尼王放光明佛

南无无垢炎稱成就王佛　南无香寶光明佛

南无離諸煩惱佛　南无善知佛

南无善見佛　南无寶山莊嚴佛

南无慈行佛　南无閻浮檀幢佛

南无无邊智佛　南无无量威德佛

南无大稱佛　南无寶稱佛

BD00818　佛名經（十六卷本）卷八

南无大稱佛　南无寶稱佛
南无火光明佛　南无火光明佛
南无電照光明佛　南无一切種照佛
南无不可量佛　南无日光佛
南无月照佛　南无功德海佛
南无具足功德佛　南无上行佛
南无无畏佛　南无師子幢佛
南无帝釋幢佛　南无火幢佛
南无善眼佛　南无莊嚴王佛
南无放光明光佛　南无无邊光佛
南无妙光佛　南无普護增上佛
南无雲自在佛　南无自在憶佛
南无日燈佛　南无寂佛
南无善生佛　南无无邊不可思議威德佛

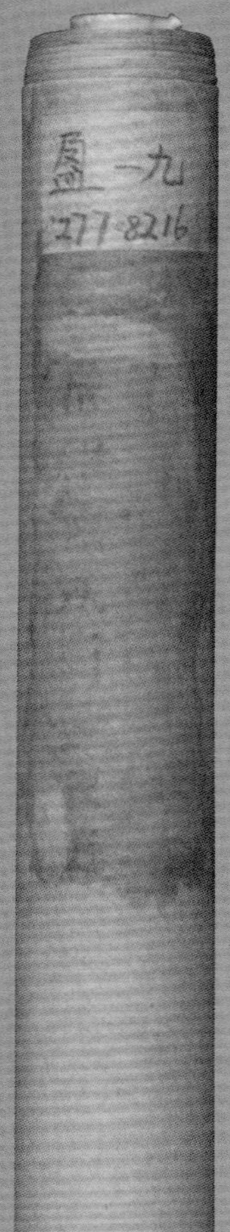

BD00819　大通方廣懺悔滅罪莊嚴成佛經（异本）卷中

468.2cm×26.3cm

兔時患無須赴火救
如来喪從定起懸彼
處初為始學二乘之
後為久脩梵行大士
一佛寶即有法僧善
聞七寶可以濟命是
能續行者智慧身命
佛現王宮二應法身
行苦行道場樹下始
為佛佛名覺者僧名
名為僧僧有二種一
无為邪名為僧得无

子法者一切善惡之法
惡法可離善法可榮
故佛僧二寶人果體則
何以取別或有人言佛
人行之人之所得五分
法寶此義不然何以故
得成於人離法无人何得
釋人法有同有異以法成
故說五分法身十力无畏
好諸波羅蜜无量三昧以
說為僧寶此諸功德有為
為軌用復名法用此則同
法體異佛僧如是法寶已
得離三界生死怖畏一切

法體異佛僧如是法寶已
得免三界生死怖畏一切仁
苦未盡是故為說圣極三寶明昔
佛有苦法是无常僧亦无常是苦非
今說常住行者覺了法性理空永
有生滅動求之苦為真依處名為
常法軌用至極名真法寶常住行
性證常住无為故名為僧亦以八
凡聖衆一切和合永无諍訟故名僧寶昔日
三寶異人別法今之三寶於一佛體亦為法
僧以是義故我為汝說一相三寶令諸衆生
趣向一乘
信相菩薩白佛言世尊當觀何事於大乘
佛言善男子當觀三界无常以求大乘信相
菩薩復白佛言云何名為觀於无常佛言欲

乘善男子譬如一城縱廣一由旬多有諸門
路嶮黑闇甚可怖畏有入此城受於快樂復
有一人唯有一子愛之甚重逢聞彼城受樂
无量即便捨子欲入此城是人方便得過嶮
道到彼城門一足已入未舉一足即念其子
尋作是念我唯一子来時云何竟不將來誰
能養護令離衆苦即捨樂城還向子所善男
子菩薩慈悲不復如是為憐愍故脩集五通
既脩集已悉得盡漏命不取證何以故愍衆
生故捨漏盡五通乃至行於凡夫地中善男
子城者喻於大乘解脫樂多諸門者喻於八
万四千諸三昧路嶮難者喻諸魔道到城門
者喻於五通一足入者喻於智慧一足未入
喻諸菩薩大發願既言一子者喻於五道一

BD00819　大通方廣懺悔滅罪莊嚴成佛經（异本）卷中

者喻於五通一足入者喻於智慧一足未入
喻諸菩薩未證解脫言一子者喻於五道一
切衆生顧念子者喻大悲心還子所者喻調
衆生實得解脫不耶證者即是方便善男子
是故菩薩摩訶薩大慈大悲救攝不捨不可
思議復次善男子菩薩大士從初發心乃至
菩提常為衆生受十善法何等為十一不煞
生二不偷盜三不婬逸四不妄語五不兩舌
六不惡口七不无義語八不貪嫉九不瞋惚
十不耶見菩薩如是慈悲具足慈能教善見
世所樂悲能濟苦地獄度之見諸衆生求涅
槃門不能知處菩薩應當於此衆生脩集慈
悲悲因緣故為諸衆生開大涅槃門顯示安
隱處便得大乘果是名菩薩摩訶薩行信相

使惡法不生善法不滅若脩此行行於三界
結習五欲无能為汙善男子欲行三界濟度
衆生應以十法遊三界中順世俗文字說有
三世无上菩提不在三世究竟菩提不隨衆
數何況三世三界中何等為十一者於譽於
毀心无增減二者若聞善惡心无分別三者
於諸愚智等以悲心四者見上下衆生意常
平等五者於輕毀供養心无有二六者於他
闕失莫見其過七者見種種乘皆是一乘八
者若聞三惡不匆驚怖九者於諸菩薩生如
来相十者佛出五濁生希有相菩薩若行此
行遊於三界煩惱結習无能為害菩薩大士
遊三界中以大悲為本處此穢土和光不同
塵是名難思議若人於淨國持戒滿一劫此

BD00819　大通方廣懺悔滅罪莊嚴成佛經（异本）卷中

塵是名難思議若人於淨國持戒滿一劫此
土須臾間行慈爲最勝若人於此土起身口
意罪應隨三惡道現世受得除菩薩生此土
不應懷憂怖設有惡道罪頭痛則得除所以
者何若人欲斷縛滅除煩惱罪雖生此惡土
誹法增智慧億劫在淨土受持淨戒行不如
在此土從旦至明日我見阿閦國西方安樂
土二國甚淨清亦无苦惱名於彼作功德未
是以爲奇若人於此土能忍不可事亦教前
人忍其福最爲勝是故諸菩薩行於此惡土
濟度諸衆生勿懷煩惱憂疾回菩提心必得
无上道

尒時虛空藏菩薩白佛言世尊我等今者欲
問菩薩菩提因緣若佛聽許當敢發問佛言

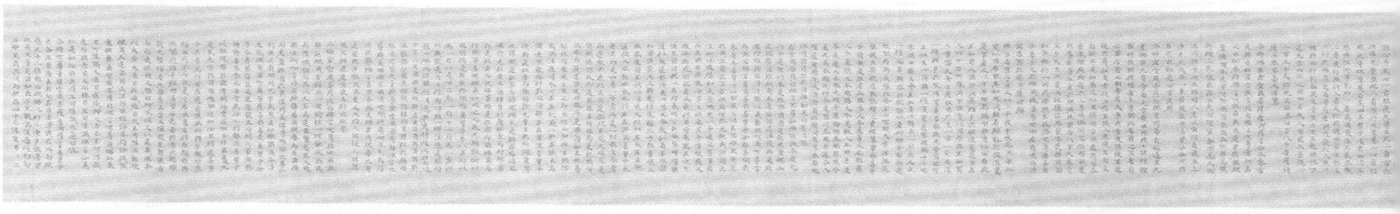

回菩提之行隨意快問吾當為汝分別解說
虛空藏菩薩已蒙許可白佛言世尊何謂菩
薩其心堅固而无疲倦何謂菩薩所言決定
而不中悔何謂菩薩增長善根何謂菩薩无
所怨畏威儀不轉何謂菩薩成就善法何謂
菩薩善知從一地至於十地何謂菩薩善知
方便何謂菩薩善化衆生何謂菩薩世世不
失菩提之心何謂菩薩能行一心而不雜行
何謂菩薩善求法寶何謂菩薩善出毀禁犯
律之罪何謂菩薩能斷煩惱何謂菩薩善能
隨順入諸大衆何謂菩薩善開法門何謂菩
薩先得回力不失善根何謂菩薩不由他教
而能自行六波羅蜜何謂菩薩能捨禪定現
生欲界何謂菩薩於諸佛法得不退轉何謂

BD00819　大通方廣懺悔滅罪莊嚴成佛經（异本）卷中

生欲界何謂菩薩於諸佛法得不退轉何謂
菩薩行於三界教化衆生使增善根不退佛
性
尒時世尊讚虛空藏菩薩言善哉善哉能問
如來菩薩之事汝今諦聽善思念之唯然世
尊願樂欲聞領納聽受佛告虛空藏菩薩有
四法堅固其心而不疲倦何等為四一者於
諸衆生起大悲心二者精進不懈三者信解
生死如夢四者正意思惟佛之智慧菩薩有
此四法堅固其心而不疲倦復有四法所言
決定而不中悔何等為四一者決定說法了
知无我二者決定說諸生處无可樂相三
者決定常讚大乘四者決定說罪福業不失
果報是名為四復有四法增長善根何等為

轉何等爲四一者失利二者惡名三者毀辱
四者苦惱是名爲四菩薩復有四法成就白
法何等爲四一者教人令信罪福二者布施
不求果報三者守護正法四者以是智慧教
諸菩薩是名爲四善男子復有四法善能了
知從一地至於十地一者久種善根二者離
諸過咎三者善知方便四者勤行精進迴向
菩提是名爲四善男子復有四法善知方便
何等爲四一者順衆生意二者於他功德起
隨喜心三者有四悔過四者勸請諸佛轉大
法輪是名爲四善男子復有四法善化衆生
何等爲四一者常求利安衆生二者自捨己
樂三者和柔忍辱四者除憍慢是名爲四善
男子復有四法能世ㄑ不失菩提之心何等
爲四一者常憶念十方一切諸佛二者所作

BD00819　大通方廣懺悔滅罪莊嚴成佛經（异本）卷中

爲四一者常憶念十方一切諸佛二者所作
功德等以施之一切衆生常爲菩提三者親
近善知識四者稱揚大乘是名爲四善男子
復有四法能具一心而无雜行何等爲四一
者離聲聞心二者離辟支佛心三者求法无
猒四者如所聞法廣爲人說是名爲四善男
子復有四法善求法實何等爲四一者於大
法中而生實相以難得故二者於大法中生
於藥相療衆生病故三者於求法中生財利
想以不失故四者於大法中生滅苦相至涅
槃故是名爲四善男子復有四法善出毀禁
煩惱之罪何等爲四一者得无生法忍以諸
法无来故二者得无滅忍以諸法无去故三
者得因緣忍知諸法因緣生故四者得住忍

三者能得善法力故四者獨處遠離故是名
爲四善男子復有四法善能隨順入諸大衆
何等爲四一者求法不求勝故二者常生恭
敬心无憍慢三者唯求法利不自顯現四者
教人善法不求名利是名爲四善男子復有
四法善開法施何等爲四一者守護正法二
者自益智慧亦益前人三者常行善人之法
四者示人清淨青白是名爲四善男子復有
四法得先因力不失善根何等爲四一者見
他人聞不以爲愚二者於瞋怒人常脩慈心
三者常說諸因緣四者常念无上菩提是名
爲四善男子復有四法不由他教而能自行
六波羅蜜何等爲四一者常以法施施導与

爲四善男子復有四法不由他教自能自行
六波羅蜜何等為四一者常以法施施與
人二者不訟他人毁禁之罪三者善知攝法
教化衆生四者解達深法是名為四善男子
復有四法能捨禪定現生欲界何等為四一
者其心柔濡二者能得諸善根力三者不捨
一切衆生四者常能善脩智慧方便之力是
名為四善男子復有四法於諸佛法得不退
轉何等為四一者雖受无量生死二者常能
供養无量諸佛三者脩行无量慈心四者信
解无量佛慧是名為四善男子復有四法不
斷佛性何等為四一者為諸衆生不退本願
二者受信施行三者大欲精進四者常能深
心行於佛道是名菩薩摩訶薩於三界行

二万五千人得无生法忍四万八千菩薩得
達法界忍善入佛慧
尒時佛告虚空藏菩薩摩訶薩言汝今應當
受持是經虚空藏菩薩白佛言世尊當何名
之云何奉持佛言此經名爲大通方廣能破
魔境壞外道軍消除煩惱能觧五欲即見繫
縛破三界獄放諸生死向涅槃含潤益久涸
正因種子雨大緣因六度法雨增長衆生三
乘牙花成就一乘菩提極果善男子汝聞經
名我説如是汝當受持
尒時虚空藏菩薩白佛言世尊我從過去无
量佛所无量會處无量衆中聞種〻法種種
事種種相種種乘未曾聞此希有之法希有

事種種相種種乘未曾聞此希有之法希有
之事希有之相希有大乘我當受持使不斷
絶世尊如来常住法僧不滅三界衆生自生
自滅不見如来及以法僧唱言滅度我等今
者承佛威神游於三界順俗時宜假唱滅度
世尊我等今者於佛滅後當与八万久遠慧
法身大士流通此經使法界衆生受持讀誦
如說脩行一時成佛猶不放捨世尊若善男
子善女人於佛滅後濁惡世中若有受持讀
誦書寫經卷得幾所福
佛言善男子若人以三千大千世界滿中珎
寶以用布施不如聞此經名福勝於彼復置
是事若人以十千世界滿中珎寶以用布施
不如有人攝持經卷福多於彼復置是事若

一偈福多於彼復置是事雖施无量國珎寶
不如至心讀誦一偈復置是事雖施十千世
界滿中衆生命不如至心解義一句爲人説
一偈之義福勝於彼所以者何財食布施是
世間布施長養性命不出世間大乘法施長
養衆生菩提道根能續三乘智慧常命善男
子讀持是經者本雖愚人今是善人本雖苦
人今是樂人本雖縛人今是脫人本雖未度
今是度人本雖无智今是論師本雖有漏今
是无漏本雖凡行今是聖行本雖失道今入
聖道身雖凡夫讀持是經智同聖慧本雖煩
惱讀持是經共諸佛如來同有涅槃
虛空藏菩薩白佛言世尊如佛所説本是凡
行今是聖行本是煩惱讀持是經共諸佛如

BD00819　大通方廣懺悔滅罪莊嚴成佛經（异本）卷中

行令是理行本是煩惱讀持是經共諸佛如
來同有涅槃破戒五逆誹謗正法讀持是經
斷除煩惱同得涅槃此義難明唯願世尊當
爲說之佛言善哉善哉善男子汝能善聞我
能善答善男子一切衆生以不值佛故耶見
犯戒誹謗正法若佛在世終无犯戒誹謗正
法何以故譬如長者唯有一子愛之甚重若
父在時日夜教令事事順之其子孝慎受父
教令都无所犯若父遠行不時來還其子忘
悟多有所犯以不時來唱言死滅悲啼嚶哭
復似趣逆愁憒失心忘父本教似若不慎謂
如謗法其父久久時遠行來歸而子歡喜憶父
本教受持不犯以得見父信知不死不名隨
逆捉父本勅順教而行不名誹謗善男子長

唱滅慚愧故即是鄣蔽不持故即是犯戒唱
滅故即是逆罪迷理故即是誹謗如來世尊
餘化迴來衆生見之即生信心知佛不滅佛
為說法還得本心不名犯戒以知不滅不名
隨逆順教而行於理得解不名謗法善男子
讀持是經者即能消除无量生死煩惱重惡
之罪聞是經名即得聞佛見是經者即得見
佛持是經者即持佛身行是經者即行佛事
說是經者即說佛事解是經者即解佛義若
行佛事善解佛義如此之人永无煩惱何以
故得值是經斷除煩惱善男子若八万劫以
為一日以是卅日為一月十二月為一歲以
此歲數過百千億劫得值一佛復過是數得
值一佛此經難值復過於是得值此經即值

值一佛此經難值復過於是得值此經即值
十方三世諸佛是故智者受持讀誦書寫解
説能除耶見无明煩惱結漏重罪住於福田
能消世間无量供養虛空藏菩薩白佛言世
尊辟支佛尚不能消世間供養何況凡夫得
消供養佛言善男子辟支佛不消供養无有
是處雖不能説法度人入禪三昧從三昧起
現大神通度諸衆生得消供養
尒時虛空藏菩薩復白佛言世尊經中所説
耶見破戒不得共一國同住一河飲水説戒
布薩懺悔自恣此人名爲退失聖道不入衆
數云何而言得消供養若消供養即与諸佛
同受應供過於羅漢辟支佛等唯願世尊分
別説之我聞此已爲衆生如佛解説令得

[illegible]
諦聽善思念之吾當為汝分別解說善男子
此經境界非諸聲聞緣覺所知亦非諸魔外
道凡夫思惟境界唯佛能知汝亦得逢善男
子我常為行菩薩道者說施行檀不觀好惡
福田戒毗尼說是言布施畜生得百福報布
施闡提得千福報善男子殖善根者死趣闡
提無慚愧者死趣畜生畜生闡提果報殊者
尚能受伏種人福田何況此人以是義故今
此大乘大通方廣威德力大不可思議能使
破戒五逆誹謗正法邪見煩惱悉得除滅能
受伏眷虛空藏菩薩白佛言世尊諸佛如來
不可思議大通方廣威神之力亦不可思議
受持經者其人功德亦不可思議佛言如是
如是如汝所說得不可思議無邊功德

受持經者其人功德亦不可思議佛言如是
如是如汝所說得不可思議无邊功德
尒時世尊告虛空藏菩薩摩訶薩言善男子
我念往昔過去有劫名曰清淨我於此劫供
養九十二億那由他佛以行小乘多諸過罪
犯戒无量是諸如來不見授記復過此劫劫
名樂見我於此劫供養四十二億諸佛口大

BD00820

妙法蓮華經卷二

（後秦）鳩摩羅什 譯

795.5cm × 25.9cm

則善言
肯信受不驚不畏了無出心亦復不知何者
是火何者爲舍云何爲失但東西走戲視父而
已尒時長者即作是念此舍已爲大火所燒
我及諸子若不時出必爲所焚我今當設方
便令諸子等得免斯害父知諸子先心各有
所好種種珎玩奇異之物情必樂著而告之
言汝等所可玩好希有難得汝若不取後必
憂悔如此種種羊車鹿車牛車今在門外可
以遊戲汝等於此火宅宜速出來隨汝所欲
皆當與汝尒時諸子聞父所說珎玩之物適
其願故心各勇銳互相推排競共馳走爭出
火宅是時長者見諸子等安隱得出皆於四
衢道中露地而坐無復障礙其心泰然歡喜

具羊車鹿車牛車願時賜與
舍利弗尒時長者各賜諸子等一大車其車
高廣衆寶莊挍周帀欄楯四面懸鈴又於其
上張設幰蓋亦以珎奇雜寶而嚴飾之寶繩
絞絡垂諸華瓔重敷綩綖安置丹枕駕以白
牛膚色充潔形體姝好有大筋力行步平正
其疾如風又多僕從而侍衛之所以者何是大
長者財富无量種種諸藏悉皆充溢而作是
念我財物无極不應以下劣小車與諸子等
今此幼童皆是吾子愛无偏黨我有如是七
寶大車其數无量應當等心各各與之不宜
差別所以者何以我此物周給一國猶尚不匱
何況諸子是時諸子各乘大車得未曾有
非本所望舍利弗於汝意云何是長者等與

非本所望舍利弗於汝意云何是長者等與
諸子珎寶大車寧有虛妄不舍利弗言不也
世尊是長者但令諸子得免火難全其軀命
非爲虛妄何以故若全身命便爲已得玩好
之具況復方便於彼火宅而拔濟之世尊若
是長者乃至不與㝡小一車猶不虛妄何以
故是長者先作是意我以方便令子得出以
是因緣无虛妄也何況長者自知財富无量
欲饒益諸子等與大車
佛告舍利弗善哉善哉如汝所言舍利弗如
來亦復如是則爲一切世間之父於諸怖畏
衰惱憂患无明闇蔽永盡无餘而悉成就
无量知見力无所畏有大神力及智慧力具足
方便智慧波羅蜜大慈大悲常无懈惓恒求

教化令得阿耨多羅三藐三菩提見諸衆生
爲生老病死憂悲苦惱之所燒煑亦以五欲
財利故受種種苦又以貪著追求故現受衆
苦後受地獄畜生餓鬼之苦若生天上及在人
間貧窮困苦愛別離苦怨憎會苦如是等種
種諸苦衆生没在其中歡喜遊戲不覺不知
不驚不怖亦不生猒不求解脫於此三界火
宅東西馳走雖遭大苦不以爲患舍利弗佛
見此已便作是念我爲衆生之父應拔其苦難
與无量无邊佛智慧樂令其遊戲
舍利弗如來復作是念若我但以神力及智
慧力捨於方便爲諸衆生讚如來知見力无
所畏者衆生不能以是得度所以者何是諸
衆生未免生老病死憂悲苦惱而爲三界火

衆生未免生老病死憂悲苦惱而爲三界火
宅所燒何由能解佛之智慧舍利弗如彼長
者雖復身手有力而不用之但以慇勤方便
勉濟諸子火宅之難然後各與珎寶大車如
來亦復如是雖有力无所畏而不用之但以
智慧方便於三界火宅拔濟衆生爲說三乘
聲聞辟支佛佛乘而作是言汝等莫得樂住
三界火宅勿貪麁弊色聲香味觸也若貪著
生愛則爲所燒汝等速出三界當得三乘聲聞
辟支佛佛乘我今爲汝保任此事終不虛也汝
等但當勤修精進如來以是方便誘進衆生
復作是言汝等當知此三乘法皆是聖所稱
歎自在无繫无所依求乘此三乘以无漏根
力覺道禪定解脫三昧等而自娛樂便得无

信受慇懃精進欲速出三界自求涅槃是名
聲聞乘如彼諸子爲求羊車出於火宅若有
衆生從佛世尊聞法信受慇懃精進求自然
慧樂獨善寂深知諸法因緣是名辟支佛乘
如彼諸子爲求鹿車出於火宅若有衆生從
佛世尊聞法信受勤脩精進求一切智佛智
自然智无師智如來知見力无所畏愍念安
樂无量衆生利益天人度脫一切是名大乘菩
薩求此乘故名爲摩訶薩如彼諸子爲求牛
車出於火宅舍利弗如彼長者見諸子等安
隱得出火宅到无畏處自惟財富无量等以
大車而賜諸子如來亦復如是爲一切衆生之
父若見无量億千衆生以佛教門出三界苦
怖畏險道得涅槃樂如來尒時便作是念我有

怖畏險道得涅槃樂如來尒時便作是念我有
无量无邊智慧力无畏等諸佛法藏是諸衆生
皆是我子等與大乘不令有人獨得滅度皆以
如來滅度而滅度之是諸衆生脫三界者悉與諸
佛禪定解脫等娛樂之具皆是一相一種聖所稱
歎能生淨妙第一之樂舍利弗如彼長者初以
三車誘引諸子然後但與大車寶物莊嚴安
隱第一然彼長者无虛妄之咎如來亦復如
是无有虛妄初說三乘引導衆生然後但以
大乘而度脫之何以故如來有无量智慧力
无所畏諸法之藏能與一切衆生大乘之法但
不盡能受舍利弗以是因緣當知諸佛方便力
故於一佛乘分別說三佛欲重宣此義而說偈言
譬如長者　有一大宅　其宅久故　而復頓弊
堂舍高危　柱根摧朽　梁棟傾斜　基陛頹毀

周障屈曲　雜穢充遍　有五百人　止住其中
鵄梟鵰鷲　烏鵲鳩鴿　蚖蛇蝮蠍　蜈蚣蚰蜒
守宮百足　狖狸鼷鼠　諸惡虫輩　交橫馳走
屎尿臭處　不淨流溢　蜣蜋諸虫　而集其上
狐狼野干　咀嚼踐蹋　嚌齧死屍　骨肉狼藉
由是群狗　競來搏撮　飢羸慞惶　處處求食
鬪諍齟掣　啀喍嘷吠　其舍恐怖　變狀如是
處處皆有　魑魅魍魎　夜叉惡鬼　食噉人肉
毒虫之屬　諸惡禽獸　孚乳產生　各自藏護
夜叉競來　諍取食之　食之既飽　惡心轉熾
鬪諍之聲　甚可怖畏　鳩槃荼鬼　蹲踞土埵
或時離地　一尺二尺　往反遊行　縱逸嬉戲
捉狗兩足　撲令失聲　以腳加頸　怖狗自樂
復有諸鬼　其身長大　裸形黑瘦　常住其中

復有諸鬼　其身長大　裸形黑瘦　常住其中
發大惡聲　叫呼求食　復有諸鬼　其咽如針
復有諸鬼　首如牛頭　或食人肉　或復噉狗
頭髮蓬亂　殘害凶險　飢渴所逼　叫喚馳走
夜叉餓鬼　諸惡鳥獸　飢急四向　窺看窗牖
如是諸難　恐畏無量　是朽故宅　屬于一人
其人近出　未久之間　於後宅舍　忽然火起
四面一時　其炎俱熾　棟梁椽柱　爆聲震裂
摧折墮落　墻壁崩倒　諸鬼神等　揚聲大叫
鵰鷲諸鳥　鳩槃茶等　周章惶怖　不能自出
惡獸毒虫　藏竄孔穴　毗舍闍鬼　亦住其中
薄福德故　為火所逼　共相殘害　飲血噉肉
野干之屬　並已前死　諸大惡獸　競來食噉
臭烟熢㶿　四面充塞　蜈蚣蚰蜒　毒虵之類
為火所燒　爭走出穴　鳩槃茶鬼　隨取而食

其宅如是 甚可怖畏 毒害火災 衆難非一
是時宅主 在門外立 聞有人言 汝諸子等
先因遊戲 來入此宅 稚小无知 歡娛樂著
長者聞已 驚入火宅 方宜救濟 令无燒害
告喻諸子 說衆患難 惡鬼毒虫 災火蔓莚
衆苦次第 相續不絕 毒蛇蚖蝮 及諸夜叉
鳩槃荼鬼 野干狐狗 鵰鷲鵄梟 百足之屬
飢渴惱急 甚可怖畏 此苦難處 況復大火
諸子无知 雖聞父誨 猶故樂著 嬉戲不已
是時長者 而作是念 諸子如此 益我愁惱
今此舍宅 无一可樂 而諸子等 耽湎嬉戲
不受我教 將爲火害 即便思惟 設諸方便
告諸子等 我有種種 珍玩之具 妙寶好車
羊車鹿車 大牛之車 今在門外 汝等出來

羊車鹿車　大牛之車　今在門外　汝等出来
吾為汝等　造作此車　隨意所樂　可以遊戲
諸子聞說　如此諸車　即時奔競　馳走而出
到於空地　離諸苦難　長者見子　得出火宅
住於四衢　坐師子座　而自慶言　我今快樂
此諸子等　生育甚難　愚小无知　而入險宅
多諸毒虫　魑魅可畏　大火猛炎　四面俱起
而此諸子　貪樂嬉戲　我已救之　令得脫難
是故諸人　我今快樂
尒時諸子　知父安坐　皆詣父所　而白父言
願賜我等　三種寶車　如前所許　諸子出来
當以三車　隨汝所欲　今正是時　唯垂給與
長者大富　庫藏衆多　金銀瑠璃　車乘馬瑙
以衆寶物　造諸大車　莊校嚴飾　周帀蘭楯
四面懸鈴　金繩交絡　真珠羅网　張施其上

金華諸瓔 處處垂下 衆綵雜飾 周匝圍繞
柔耎繒纊 以為裀褥 上妙細疊 價直千億
鮮白淨潔 以覆其上 有大白牛 肥壯多力
形體姝好 以駕寶車 多諸儐從 而侍衛之
以是妙車 等賜諸子 諸子是時 歡喜踊躍
乘是寶車 遊於四方 嬉戲快樂 自在无导
告舍利弗 我亦如是 衆聖中尊 世間之父
一切衆生 皆是吾子 深著世樂 无有慧心
三界无安 猶如火宅 衆苦充滿 甚可怖畏
常有生老 病死憂患 如是等火 熾然不息
如來已離 三界火宅 寂然閑居 安處林野
今此三界 皆是我有 其中衆生 悉是吾子
而今此處 多諸患難 唯我一人 能為救護
雖復教詔 而不信受 於諸欲染 貪著深故
是以方便 為說三乘 令諸衆生 知三界苦

是以方便　為說三乘　令諸衆生　知三界苦
開示演說　出世間道　是諸子等　若心決定
具足三明　及六神通　有得緣覺　不退菩薩
汝舍利弗　我為衆生　以此譬喻　說一佛乘
汝等若能　信受是語　一切皆當　成得佛道
是乘微妙　清淨第一　於諸世間　為无有上
佛所悅可　一切衆生　所應稱讚　供養礼拜
无量億千　諸力解脫　禪定智慧　及佛餘法
得如是乘　令諸子等　日夜劫數　常得遊戲
與諸菩薩　及聲聞衆　乘此寶乘　直至道場
以是因緣　十方諦求　更无餘乘　除佛方便
告舍利弗　汝諸人等　皆是吾子　我則是父
汝等累劫　衆苦所燒　我皆濟拔　令出三界
我雖先說　汝等滅度　但盡生死　而實不滅

諸佛世尊　雖以方便　所化衆生　皆是菩薩
若人小智　深著愛欲　為此等故　說於苦諦
衆生心喜　得未曾有　佛說苦諦　真實无異
若有衆生　不知苦本　深著苦因　不能暫捨
為是等故　方便說道　諸苦所因　貪欲為本
若滅貪欲　无所依止　滅盡諸苦　名第三諦
為滅諦故　修行於道　離諸苦縛　名得解脫
是人於何　而得解脫　但離虛妄　名為解脫
其實未得　一切解脫　佛說是人　未實滅度
斯人未得　无上道故　我意不欲　令至滅度
我為法王　於法自在　安隱衆生　故現於世
汝舍利弗　我此法印　為欲利益　世間故說
在所遊方　勿妄宣傳　若有聞者　隨喜頂受
當知是人　阿鞞跋致　若有信受　此經法者

當知是人　阿鞞跋致　若有信受　此經法者
是人已曾　見過去佛　恭敬供養　亦聞是法
若人有能　信汝所說　則為見我　亦見於汝
及比丘僧　并諸菩薩
斯法華經　為深智說　淺識聞之　迷惑不解
一切聲聞　及辟支佛　於此經中　力所不及
汝舍利弗　尚於此經　以信得入　況餘聲聞
其餘聲聞　信佛語故　隨順此經　非己智分
又舍利弗　憍慢懈怠　計我見者　莫說此經
凡夫淺識　深著五欲　聞不能解　亦勿為說
若人不信　毀謗此經　則斷一切　世間佛種
或復顰蹙　而懷疑惑　汝當聽說　此人罪報
若佛在世　若滅度後　其有誹謗　如斯經典
見有讀誦　書持經者　輕賤憎嫉　而懷結恨

其人命終 入阿鼻獄 具足一劫 劫盡更生
如是展轉 至无數劫 從地獄出 當墮畜生
若狗野干 其形頟瘦 黧黮疥癩 人所觸嬈
又復為人 之所惡賤 常困飢渴 骨肉枯竭
生受楚毒 死被瓦石 斷佛種故 受斯罪報
若作駱駝 或生驢中 身常負重 加諸杖捶
但念水草 餘无所知 謗斯經故 獲罪如是
有作野干 來入聚落 身體疥癩 又无一目
為諸童子 之所打擲 受諸苦痛 或時致死
於此死已 更受蟒身 其形長大 五百由旬
聾騃无足 蜿轉腹行 為諸小虫 之所唼食
晝夜受苦 无有休息 謗斯經故 獲罪如是
若得為人 諸根闇鈍 矬陋攣躄 盲聾背傴
有所言說 人不信受 口氣常臭 鬼魅所著
貧窮下賤 為人所使 多病痟瘦 无所依怙

貧窮下賤　為人所使　多病痟瘦　无所依怙
雖親附人　人不在意　若有所得　尋復忘失
若脩醫道　順方治病　更增他疾　或復致死
若自有病　无人救療　設服良藥　而復增劇
若他反逆　抄劫竊盜　如是等罪　横羅其殃
如斯罪人　永不見佛　衆聖之王　說法教化
如斯罪人　常生難處　狂聾心亂　永不聞法
於无數劫　如恒河沙　生輒聾瘂　諸根不具
常處地獄　如遊園觀　在餘惡道　如己舍宅
駝驢猪狗　是其行處　謗斯經故　獲罪如是
若得為人　聾盲瘖瘂　貧窮諸衰　以自莊嚴
水腫乾消　疥癩癰疽　如是等病　以為衣服
身常臭處　垢穢不淨　深著我見　增益瞋恚
婬欲熾盛　不擇禽獸　謗斯經故　獲罪如是

若有利根　智慧明了　多聞强識　求佛道者
如是之人　乃可為說
若人曾見　億百千佛　殖諸善本　深心堅固
如是之人　乃可為說
若人精進　常脩慈心　不惜身命　乃可為說
若人恭敬　无有異心　離諸凡愚　獨處山澤
如是之人　乃可為說
又舍利弗　若見有人　捨惡知識　親近善友
如是之人　乃可為說　若見佛子　持戒清潔
如淨明珠　求大乘經　如是之人　乃可為說
若人无瞋　質直柔軟　常愍一切　恭敬諸佛
如是之人　乃可為說
復有佛子　於大衆中　以清淨心　種種因緣
譬喻言辭　說法无㝵　如是之人　乃可為說

BD00820　妙法蓮華經卷二

譬喻言辭　說法無㝵　如是之人　乃可為說
若有比丘　為一切智　四方求法　合掌頂受
但樂受持　大乘經典　乃至不受　餘經一偈
如是之人　乃可為說　如人至心　求佛舍利
如是求經　得已頂受　其人不復　志求餘經
亦未曾念　外道典籍　如是之人　乃可為說
告舍利弗　我說是相　求佛道者　窮劫不盡
如是等人　則能信解　汝當為說　妙法華經

妙法蓮華經信解品第四

尒時慧命須菩提摩訶迦旃延摩訶迦葉
摩訶目揵連從佛所聞未曾有法世尊授舍
利弗阿耨多羅三藐三菩提記發希有心歡
喜踊躍即從坐起整衣服偏袒右肩右膝著
地一心合掌曲躬恭敬瞻仰尊顏而白佛言我

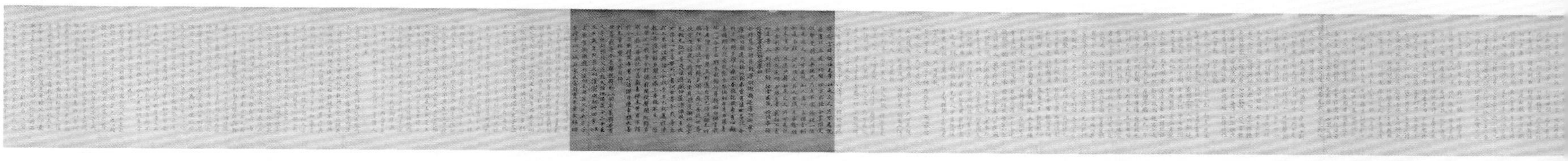

往昔說法既久我時在坐身體疲懈但念空
无相无作於菩薩法遊戲神通淨佛國土成
就衆生心不喜樂所以者何世尊令我等出
於三界得涅槃證又今我等年已朽邁於佛
教化菩薩阿耨多羅三藐三菩提不生一念
好樂之心我等今於佛前聞授聲聞阿耨多
羅三藐三菩提記心甚歡喜得未曾有不謂
於今忽然得聞希有之法深自慶幸獲大善
利无量珎寶不求自得
世尊我等今者樂說譬喻以明斯義譬若有
人年既幼稚捨父逃逝久住他國或十二十至
五十歲年既長大加復窮困馳騁四方以
求衣食漸漸遊行遇向本國其父先來求子
不得中止一城其家大富財寶无量金銀瑠

不得中心一城其家大富財寶无量金銀瑠
璃珊瑚虎珀頗梨珠等其諸倉庫悉皆盈
溢多有僮僕臣佐吏民象馬車乘牛羊无數
出入息利乃遍他國商估賈客亦甚衆多時貧
窮子遊諸聚落經歷國邑遂到其父所止之
城父每念子與子離別五十餘年而未曾向
人說如此事但自思惟心懷悔恨自念老朽
多有財物金銀珎寶倉庫盈溢无有子息一
旦終沒財物散失无所委付是以慇勤每憶
其子復作是念我若得子委付財物坦然快
樂无復憂慮世尊尒時窮子傭賃展轉遇到
父舍住立門側遙見其父踞師子床寶机承
足諸婆羅門剎利居士皆恭敬圍繞以真珠
瓔珞價直千万莊嚴其身吏民僮僕手執白
拂侍立左右覆以寶帳垂諸華幡香水灑地

散衆名華羅列寶物出内取與有如是等種
種嚴飾威德特尊窮子見父有大力勢即懷
恐怖悔来至此竊作是念此或是王或是王
等非我傭力得物之處不如往至貧里肆力
有地衣食易得若久住此或見逼迫強使我
作作是念已疾走而去時富長者於師子座
見子便識心大歡喜即作是念我財物庫藏
今有所付我常思念此子无由見之而忽自来
甚適我願我雖年朽猶故貪惜即遣傍人
急追將還
尒時使者疾走往捉窮子驚愕稱怨大喚我
不相犯何爲見捉使者執之逾急強牽將還
于時窮子自念无罪而被囚執此必定死轉更
惶怖悶絕躃地父遥見之而語使言不須此
人勿強將来以冷水灑面令得醒悟莫復與

人勿强将来以冷水灑面令得醒悟莫復與
語所以者何父知其子志意下劣自知豪貴
為子所難審知是子而以方便不語他人云
是我子使者語之我今放汝隨意所趣窮
子歡喜得未曾有從地而起往至貧里以求
衣食尒時長者将欲誘引其子而設方便密
遣二人形色憔悴无威德者汝可詣彼徐語窮
子此有作處倍與汝價窮子若許将来使作
若言欲何所作便可語之雇汝除糞我等
二人亦共汝作時二使人即求窮子既已得
之具陳上事尒時窮子先取其價尋與除
糞其父見子愍而怪之又以他日於窓牖中遥
見子身羸瘦憔悴糞土塵坌汙穢不浄即脱
瓔珞細耎上服嚴飾之具更著麁弊垢膩之

近其子又復告言咄男子汝常此作勿復餘
去當加汝價諸有所須瓫器米麪鹽酢之屬
莫自疑難亦有老弊使人須者相給好自安
意我如汝父勿復憂慮所以者何我年老大而
汝少壯汝常作時无有欺怠瞋恨怨言都不
見汝有此諸惡如餘作人自今已後如所生子
即時長者更與作字名之為兒
尒時窮子雖欣此遇猶故自謂客作賤人由是之
故扵二十年中常令除糞過是已後心相
體信入出无難然其所止猶在本處世尊
尒時長者有疾自知將死不久語窮子言我
今多有金銀珎寶倉庫盈溢其中多少所應
取與汝悉知之我心如是當體此意所以者何
今我與汝便為不異宜加用心无令漏失尒時

令我與汝便為不異宜加用心无令漏失尒時
窮子即受教勅領知衆物金銀珍寶及諸
庫藏而无悕取一飡之意然其所止故在本
處下劣之心亦未能捨復經少時父知子意
漸已通泰成就大志自鄙先心臨欲終時而
命其子并會親族國王大臣剎利居士皆
悉已集即自宣言諸君當知此是我子我之
所生於某城中捨吾逃走跉跰辛苦五十餘
年其本字某我名某甲昔在本城懷憂推覓
忽於此間遇會得之此實我子我實其父今
吾所有一切財物皆是子有先所出內是子所
知世尊是時窮子聞父此言即大歡喜得未
曾有而作是念我本无心有所悕求今此寶
藏自然而至
世尊大富長者則是如來我等皆似佛子如

死中受諸熱惱迷惑无知樂著小法今日世尊
令我等思惟蠲除諸法戲論之糞我等於中
勤加精進得至涅槃一日之價既得此已心
大歡喜自以為足而便自謂於佛法中勤精
進故所得弘多然世尊先知我等心著弊
欲樂於小法便見縱捨不為分別汝等當有如
來知見寶藏之分世尊以方便力說如來智
慧我等從佛得涅槃一日之價以為大得於
此大乘无有志求我等又因如來智慧為諸
菩薩開示演說而自於此无有志願所以者
何佛知我等心樂小法以方便力隨我等說而
我等不知真是佛子今我等方知世尊於
佛智慧无所悋惜所以者何我等昔來真是
佛子而但樂小法若我等有樂大之心佛則

佛子而但樂小法若我等有樂大之心佛則
爲我說大乘法今此經中唯說一乘而昔於
菩薩前毀呰聲聞樂小法者然佛實以大
乘教化是故我等說本无心有所悕求今法
王大寶自然而至如佛子所應得者皆已得之
尒時摩訶迦葉欲重宣此義而說偈言
我等今日 聞佛音教 歡喜踊躍 得未曾有
佛說聲聞 當得作佛 无上寶聚 不求自得
譬如童子 幼稚无識 捨父逃逝 遠到他土
周流諸國 五十餘年 其父憂念 四方推求
求之既疲 頓止一城 造立舍宅 五欲自娛
其家巨富 多諸金銀 車𤦲馬瑙 真珠瑠璃
象馬牛羊 輦轝車乘 田業僮僕 人民衆多
出入息利 乃遍他國 商估賈人 无處不有
千万億衆 圍繞恭敬 常爲王者 之所愛念

羣臣豪族 皆共宗重 以諸緣故 往來者衆
豪富如是 有大力勢 而年朽邁 益憂念子
夙夜惟念 死時將至 癡子捨我 五十餘年
庫藏諸物 當如之何 尒時窮子 求索衣食
從邑至邑 從國至國 或有所得 或无所得
飢餓羸瘦 體生瘡癬 漸次經歷 到父住城
傭賃展轉 遂至父舍 尒時長者 於其門内
施大寶帳 處師子坐 眷屬圍繞 諸人侍衛
或有計筭 金銀寶物 出内財產 注記券疏
窮子見父 豪貴尊嚴 謂是國王 若是王等
驚怖自怪 何故至此
覆自念言 我若久住 或見逼迫 强駈使作
思惟是已 馳走而去 借問貧里 欲往傭作
長者是時 在師子坐 遙見其子 嘿而識之
即勑使者 追捉將來 窮子驚喚 迷悶躄地

即勑使者 追捉將來 窮子驚喚 迷悶躃地
是人執我 必當見煞 何用衣食 使我至此
長者知子 愚癡狹劣 不信我言 不信是父
即以方便 更遣餘人 眇目矬陋 无威德者
汝可語之 云當相雇 除諸糞穢 倍與汝價
窮子聞之 歡喜隨來 為除糞穢 淨諸房舍
長者於牖 常見其子 念子愚劣 樂為鄙事
於是長者 著弊垢衣 執除糞器 往到子所
方便附近 語令勤作
既益汝價 并塗足油 飲食充足 薦席厚煖
如是苦言 汝當勤作 又以軟語 若如我子
長者有智 漸令入出 經二十年 執作家事
示其金銀 真珠頗梨 諸物出入 皆使令知
猶處門外 止宿草菴 自念貧事 我无此物
父知子心 漸已曠大 欲與財物 即聚親族

國王大臣　剎利居士　於此大眾　說是我子
捨我他行　經五十歲　自見子來　已二十年
昔於某城　而失是子　周行求索　遂來至此
凡我所有　舍宅人民　悉以付之　恣其所用
子念昔貧　志意下劣　今於父所　大獲珍寶
并及舍宅　一切財物　甚大歡喜　得未曾有
佛亦如是　知我樂小　未曾說言　汝等作佛
而說我等　得諸无漏　成就小乘　聲聞弟子
佛勑我等　說最上道　修習此者　當得成佛
我承佛教　爲大菩薩　以諸因緣　種種譬喻
若干言辭　說无上道　諸佛子等　從我聞法
日夜思惟　精勤修習　是時諸佛　即授其記
汝於來世　當得作佛　一切諸佛　秘藏之法
但爲菩薩　演其實事　而不爲我　說斯真要
如彼窮子　得近其父　雖知諸物　心不悕取

如彼窮子　得近其父　雖知諸物　心不悕取
我等雖說　佛法寶藏　自无志願　亦復如是
我等內滅　自謂爲足　唯了此事　更无餘事
我等若聞　淨佛國土　教化衆生　都无欣樂
所以者何　一切諸法　皆悉空寂　无生无滅
无大无小　无漏无爲　如是思惟　不生喜樂
我等長夜　於佛智慧　无貪无著　无復志願
而自於法　謂是究竟　我等長夜　脩習空法
得脫三界　苦惱之患　住最後身　有餘涅槃
佛所教化　得道不虛　則爲已得　報佛之恩
我等雖爲　諸佛子等　說菩薩法　以求佛道
而於是法　永无願樂　導師見捨　觀我心故
初不勸進　說有實利　如富長者　知子志劣
以方便力　柔伏其心　然後乃付　一切財寶
佛亦如是　現希有事　知樂小者　以方便力

調伏其心 乃教大智 我等今日 得未曾有
非先所望 而今自得 如彼窮子 得无量寶
世尊我今 得道得果 於无漏法 得清淨眼
我等長夜 持佛淨戒 始於今日 得其果報
法王法中 久脩梵行 今得无漏 无上大果
我等今者 真是聲聞 以佛道聲 令一切聞
我等今者 真阿羅漢 於諸世間 天人魔梵
普於其中 應受供養 世尊大恩 以希有事
憐愍教化 利益我等 无量億劫 誰能報者
手足供給 頭頂禮敬 一切供養 皆不能報
若以頂戴 兩肩荷負 於恒沙劫 盡心恭敬
又以美饍 无量寶衣 及諸卧具 種種湯藥
牛頭栴檀 及諸珍寶 以起塔廟 寶衣布地
如斯等事 以用供養 於恒沙劫 亦不能報
諸佛希有 无量无邊 不可思議 大神通力

諸佛希有　无量无邊　不可思議　大神通力
无漏无爲　諸法之王　能爲下劣　忍于斯事
取相凡夫　隨宜爲說　諸佛於法　得最自在
知諸衆生　種種欲樂　及其志力　隨所堪任
以无量喻　而爲說法　隨諸衆生　宿世善根
又知成熟　未成熟者　種種籌量　分別知已
於一乘道　隨宜說三

妙法蓮華經卷第二

BD00821

維摩詰所説經卷上

（後秦）鳩摩羅什 譯

417.5cm × 25.5cm

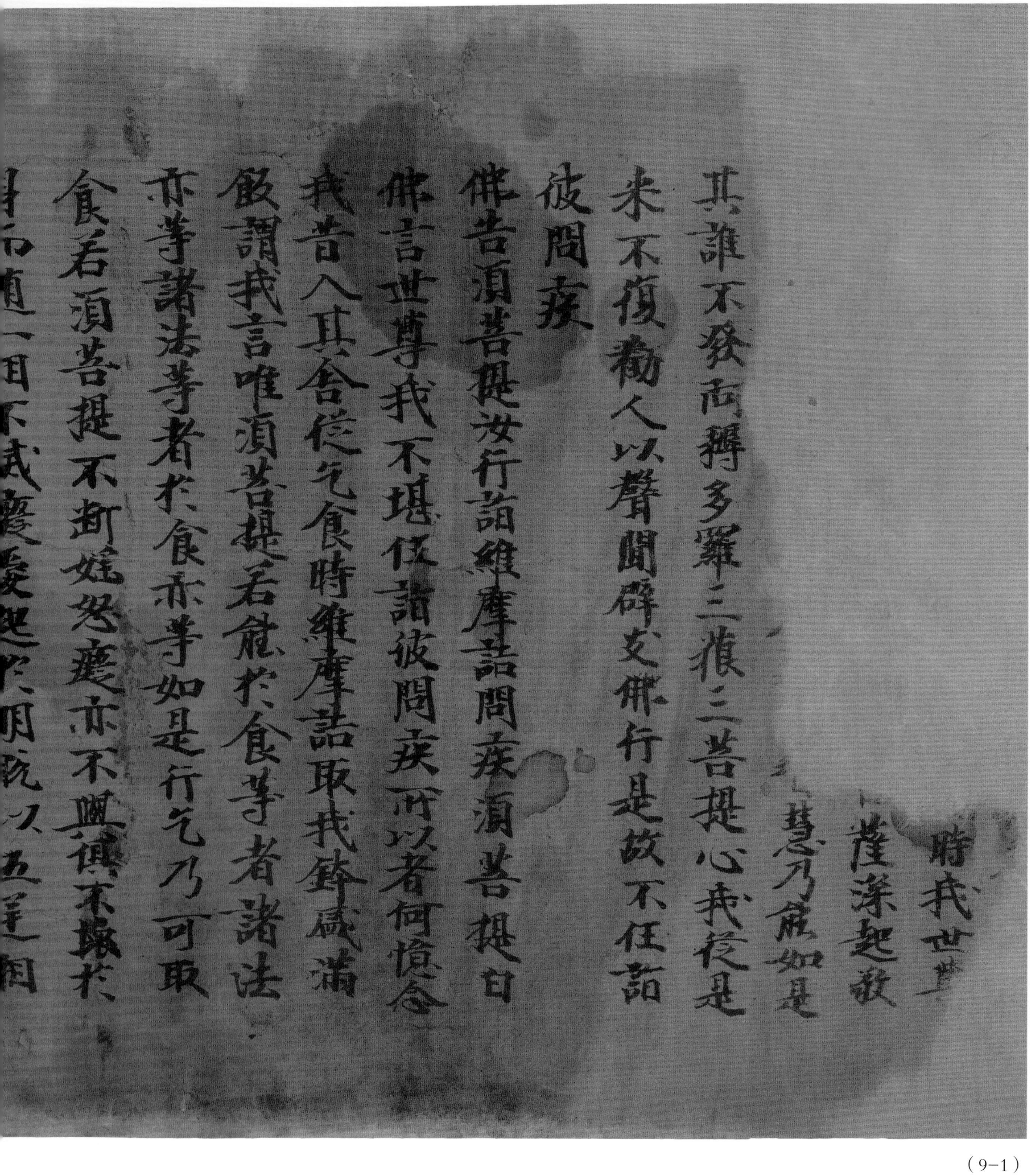

時我世
薩深起敬
慧乃能如是
其誰不發阿耨多羅三藐三菩提心我從是
来不復勸人以聲聞辟支佛行是故不任詣
彼問疾
佛告須菩提汝行詣維摩詰問疾須菩提白
佛言世尊我不堪任詣彼問疾所以者何憶念
我昔入其舍從乞食時維摩詰取我鉢盛滿
飯謂我言唯須菩提若能於食等者諸法
亦等諸法等者於食亦等如是行乞乃可取
食若須菩提不斷婬怒癡亦不與俱不壞於
身而隨一相不滅癡愛起於明脫以五逆相

而得解脫亦不解不縛不見四諦非不見諦
非得果非凡夫非離凡夫法非聖人非不聖
人雖成就一切法而離諸法相乃可取食若
須菩提不見佛不聞法彼外道六師富蘭那
迦葉末伽梨拘賒梨子删闍夜毗羅胝子阿
耆多翅舍欽婆羅迦羅鳩馱迦旃延尼揵陀
若提子等是汝之師因其出家彼師所墮汝
亦隨墮乃可取食若須菩提入諸邪見不到
彼岸住於八難不得无難同於煩惱離清淨
法汝得无諍三昧一切衆生亦得是定其施汝
者不名福田供養汝者墮三惡道為與衆
魔共一手作諸勞侶汝與衆魔及諸塵勞等
无有異於一切衆生而有怨心謗諸佛毀於
法不入衆數終不得滅度汝若如是乃可取

BD00821　維摩詰所説經卷上

魔共一手作諸勞侶汝與衆魔及諸塵勞等
无有異於一切衆生而有怨心謗諸佛毀於
法不入衆數終不得滅度汝若如是乃可取
食時我世尊聞說此語茫然不識是何言不
知以何荅便置鉢欲出其舍維摩詰言唯須
菩提取鉢勿懼於意云何如來所作化人若以
是事詰寧有懼不我言不也維摩詰言一切
諸法如幻化相汝今不應有所懼也所以者何
一切言說不離是相至於智者不著文字
故无所懼何以故文字性離无有文字是則
解脫解脫相者則諸法也維摩詰說是法時
二百天子得法眼淨故我不任詣彼問疾
佛告富樓那彌多羅尼子汝行詣維摩詰問
疾富樓那白佛言世尊我不堪任詣彼問疾

所以者何憶念我昔於大林中在一樹下爲
諸新學比丘說法時維摩詰來謂我言唯富
樓那先當入定觀此人心然後說法无以穢食
置於寶器當知是比丘心之所念无以瑠
璃同彼水精汝不能知衆生根源无得發起
以小乘法彼自无瘡勿傷之也欲行大道莫
示小徑无以大海内於牛跡无以日光等彼
螢火富樓那此比丘久發大乘心中忘此意
如何以小乘法而教導之我觀小乘智慧微
淺猶如盲人不能分別一切衆生根之利鈍
時維摩詰即入三昧令此比丘自識宿命曾
於五百佛所殖衆德本迴向阿耨多羅三藐
三菩提即時豁然還得本心於是諸比丘稽

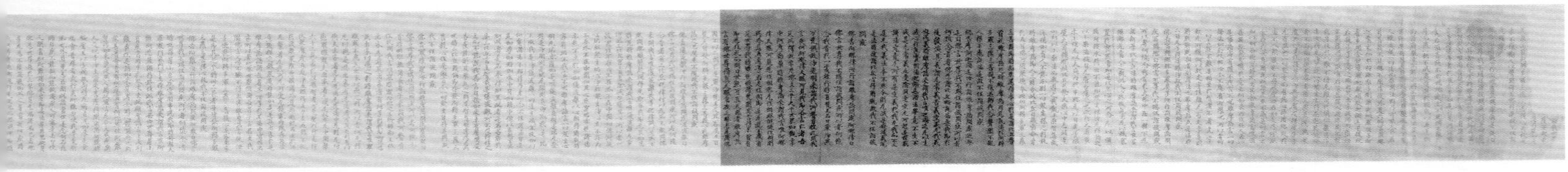

三菩提即時豁然還得本心於是諸比丘稽
首礼維摩詰足時維摩詰因為說法於阿耨
多羅三藐三菩提不復退轉我念聲聞不觀
人根不應說法是故不任詣彼問疾
佛告摩訶迦旃延汝行詣維摩詰問疾迦旃
延白佛言世尊我不堪任詣彼問疾所以者
何憶念昔者佛為諸比丘略說法要我即於
後敷演其義謂无常義苦義空義无我義
寂滅義時維摩詰來謂我言唯迦旃延无以生
滅心行說實相法迦旃延諸法畢竟不生不
滅是无常義五受陰洞達空无所起是苦義
諸法究竟无所有是空義於我无我而不二
是无我義法本不然今則无滅是寂滅義說
是法時彼諸比丘心得解脫故我不任詣彼

[illegible]

佛告阿那律汝行詣維摩詰問疾阿那律白
佛言世尊我不堪任詣彼問疾所以者何憶
念我昔於一處經行時有梵王名曰嚴淨與
万梵俱放淨光明来詣我所稽首作礼問我
言幾何阿那律天眼所見我即答言仁者吾
見此釋迦牟尼佛土三千大千世界如觀掌
中阿摩勒菓時維摩詰来謂我言唯阿那
律天眼所見為作相耶无作相耶假使作相則
與外道五通等若无作相即是无為不應有
見世尊我時默然彼諸梵聞其言得未曾有
即為作礼而問曰世孰有真天眼者維摩詰
言有佛世尊得真天眼常在三昧悉見諸佛

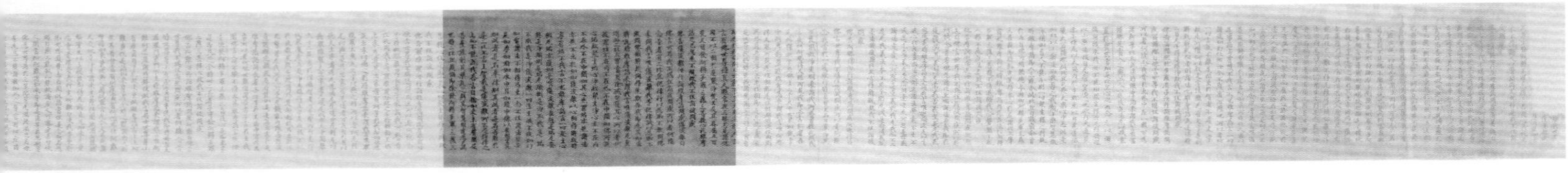

即為作禮而問曰世孰有真天眼者維摩詰
言有佛世尊得真天眼常在三昧悉見諸佛
國不以二相於是嚴浄梵王及其眷屬五百
梵天皆發阿耨多羅三藐三菩提心礼維摩
詰足已忽然不現故我不任詣彼問疾
佛告優波離汝行詣維摩詰問疾優波離白
佛言世尊我不堪任詣彼問疾所以者何憶
念昔者有二比丘犯律行以為恥不敢問佛
来問我言唯優波離我等犯律誠以為恥不
敢問佛願解疑悔得免斯咎我即為其如法
解說時維摩詰来謂我言唯優波離无重
增此二比丘罪當直除滅勿擾其心所以者何
彼罪性不在內不在外不在中間如佛所說
心垢故眾生垢心浄故眾生浄心亦不在內

不在外不在中間如其心然罪垢亦然諸法
亦然不出於如如優波離以心相得解脫時
寧有垢不我言不也維摩詰言一切眾生心
相无垢亦復如是唯優波離妄想是垢无妄
想是淨顛倒是垢无顛倒是淨取我是垢
不取我是淨優波離一切法生滅不住如幻
如電諸法不相待乃至一念不住諸法皆妄
見如夢如焰如水中月如鏡中像以妄想生其
知此者是名奉律知其此者是名善解於
是二比丘言上智哉是優波離所不及持律之
上而不能說我答言自捨如來未有聲聞及
菩薩能制其樂說之辯其智慧明達為若此
也時二比丘疑悔即除發阿耨多羅三藐三

BD00821　維摩詰所說經卷上

世時二比丘疑悔即除發阿耨多羅三藐三
菩提心作是願言令一切衆生皆得是辯故
我不任詣彼問疾
佛告羅睺羅汝行詣維摩詰問疾羅睺羅白
佛言世尊我不堪任詣彼問疾所以者何憶念
昔時毗耶離諸長者子来詣我所稽首
作禮問我言唯羅睺羅汝佛之子捨轉輪王位
出家為道其出家者有何等利我即如法為
說出家功德之利時維摩詰来謂我言唯羅
睺羅不應說出家功德之利所以者何无利
无功德是為出家有為法者可說有利有功
德夫出家者為无為法无為法中无利无功
德羅睺羅夫出家者无彼无此亦无中間離

六十二見處於涅槃智者所受聖所行處降
伏衆魔度五道淨五眼得五力立五根不惱
於彼離衆雜惡摧諸外道超越假名出淤泥
无繫著无我所无所受无擾亂内懷喜護彼
意隨禪定離衆過若能如是是真出家於是
維摩詰語諸長者子汝等於正法中宜共出
家所以者何佛世難值諸長者子言居士我
聞佛言父母不聽不得出家維摩詰言然汝
等便發阿耨多羅三藐三菩提心是即出家
是即具足尒時卅二長者子皆發阿耨多羅
三藐三菩提心故我不任詣彼問疾
佛告阿難汝行詣維摩詰問疾阿難白佛言
世尊我不堪任詣彼問疾所以者何憶念昔

BD00821　維摩詰所説經卷上

佛告阿難汝行詣維摩詰問疾阿難白佛言
世尊我不堪任詣彼問疾所以者何憶念昔
時世尊身小有疾當用牛乳我即持鉢詣大
婆羅門家門下立時維摩詰来謂我言唯阿
難何為晨朝持鉢住此我言居士世尊身小
有疾當用牛乳故来至此維摩詰言止止阿
難莫作是語如来身者金剛之體諸惡已斷
衆善普會當有何疾當有何惱默往阿難
勿謗如来莫使異人聞此麤言无令大威德諸
天及他方淨土諸来菩薩得聞斯語阿難轉
輪聖王以少福故尚得无病豈況如来无量
福會普勝者哉行矣阿難勿使我等受斯
耻也外道梵志若聞此語當作是念何名為
師自疾不能救而能救諸疾人可密速去勿使

人聞當知阿難諸如來身即是法身非思欲身
佛為世尊過於三界佛身无漏諸漏已盡佛
身无為不墮諸數如此之身當有何疾時
我世尊實懷慚愧得无近佛而謬聽耶即聞
空中聲曰阿難如居士言但為佛出五濁惡世
現行斯法度脫衆生行矣阿難取乳勿慚世
尊維摩詰智慧辯才為若此也是故不任詣
彼問疾如是五百大弟子各各向佛說其本
緣稱述維摩詰所言皆曰不任詣彼問疾

菩薩品第四

於是佛告彌勒菩薩汝行詣維摩詰問疾彌
勒白佛言世尊我不堪任詣彼問疾所以者
何憶念我昔為兜率天王及其眷屬說不退
轉地之行時維摩詰來謂我言彌勒世尊授

BD00821　維摩詰所説經卷上

[illegible]
何憶念我昔為梵摩天王及其眷屬說不退
轉地之行時維摩詰来謂我言彌勒世尊授
仁者記一生當得阿耨多羅三藐三菩提為
用何生得受記乎過去耶未来耶現在耶若
過去生過去生已滅若未来生未来生未至若
現在生現在生无住如佛所說比丘汝今即時
亦生亦老亦滅若以无生得受記者无生即
是正位於正位中亦无受記亦无得阿耨多
多羅三藐三菩提云何彌勒受一生記乎為
從如生得受記耶為從如滅得受記耶若以
如生得受記者如无有生若以如滅得受記
者如无有滅一切衆生皆如也一切法亦如也
衆聖賢亦如也至於彌勒亦如也若彌勒得

受記一切衆生亦應受記所以者何夫如
者不二不異若弥勒得阿耨多羅三藐三菩
提者一切衆生皆亦應得所以者何一切衆生
即菩提相若弥勒滅度者一切衆生亦當
滅度所以者何諸佛知一切衆生畢竟寂滅
即涅槃相不復更滅是故弥勒无以此法誘
諸天子實无發阿耨多羅三藐三菩提心者
亦无退者弥勒當令此諸天子捨於分別菩
提之見所以者何菩提者不可以身得不可
以心得寂滅是菩提滅諸相故不觀是菩提
離諸緣故不行是菩提无憶念故斷是菩提
捨諸見故離是菩提離諸妄想故鄣是菩提
鄣諸願故不入是菩提无貪著故順是菩

鄣諸願故不入是菩提无貪著故順是菩
提順於如故住是菩提住法性故至是菩提
至實際故不二是菩提離意法故等是菩提
等虛空故无為是菩提无生住滅故知是菩
提了眾生心行故不會是菩提諸入不會故
不合是菩提離煩惱習故无處是菩提无形
色故假名是菩提名字空故如化是菩提无
取捨故无亂是菩提常自靜故善寂是菩提
性清淨故无取是菩提離攀緣故无異是菩
提諸法等故无比是菩提无可喻故微妙是
菩提諸法難知故世尊維摩詰說是法時二
百天子得无生法忍故我不任詣彼問疾
佛告光嚴童子汝行詣維摩詰問疾光嚴白佛

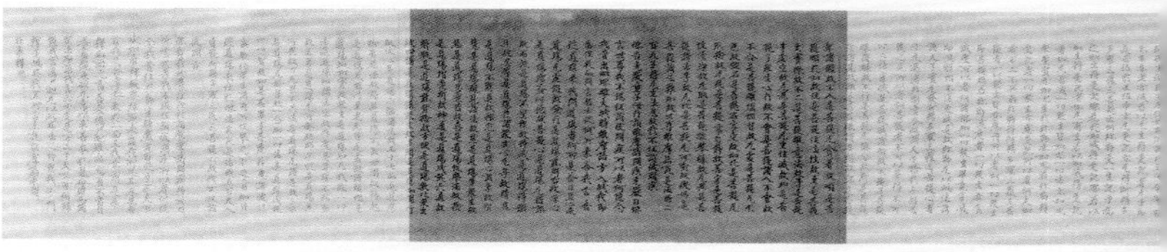

言世尊我不堪任詣彼問疾所以者何憶念
我昔出毗耶離大城時維摩詰方入城我即
為作礼而問言居士從何所来荅我言吾
從道場来我問道場者何所是荅曰直心是
道場无虚假故發行是道場能辦事故深心
是道場增益功德故菩提心是道場无錯謬
故布施是道場不望報故持戒是道場得願
具故忍辱是道場於諸衆生心无㝵故精進
是道場不懈退故禪定是道場心調柔故智
慧是道場現見諸法故慈是道場等衆生故
悲是道場忍疲苦故喜是道場悅樂法故捨
是道場憎愛斷故神通是道場成就六通故
解脫是道場能背捨故方便是道場教化衆生
故四攝是道場攝衆生故多聞是道場如聞行

解脫是道場能背捨故方便是道場教化衆生
故四攝是道場攝衆生故多聞是道場如聞行
故伏心是道場正觀諸法故三十七品是道場
捨有爲法故諦是道場不誑世間故緣起
是道場无明乃至老死皆无盡故諸煩惱是
道場知如實故衆生是道場知无我故一切
法是道場知諸法空故降魔是道場不傾動
故三界是道場无所趣故師子吼是道場无
所畏故力无畏不共法是道場无諸過故三明
是道場无餘导故一念知一切法是道場成就
一切智故如是善男子菩薩若應諸波羅
蜜教化衆生諸有所作舉足下足當知皆
從道場來住於佛法矣說是法時五百天人

皆發阿耨多羅三藐三菩提心故我不任詣
彼問疾
佛告持世菩薩汝行詣維摩詰問疾持世白
佛言世尊我不堪任詣彼問疾所以者何憶
念我昔住於靜室時魔波旬從万二千天女
狀如帝釋鼓樂弦歌來詣我所與其眷屬稽
首我足合掌恭敬於一面立我意謂是帝
釋而語之言善來憍尸迦雖福應有不當自
恣當觀五欲無常以求善本於身命財而脩
堅法即語我言正士受是万二千天女可備掃
灑我言憍尸迦无以此非法之物要我沙門
釋子此非我宜所言未訖維摩詰來謂
非帝釋也

BD00822 金光明最勝王經卷五

（唐）義净 譯

462.2cm × 27.8cm

今復於此經王內　略說空法不思議
於諸廣大甚深法　有情无智不能解
故我於斯重敷演　令於空法得開悟
大悲哀愍有情故　以善方便勝因緣
我今於此大衆中　演說令彼明空義
當知此身如空聚　六賊依止不相知
六塵諸賊別依根　各不相知亦如是
眼根常觀於色處　耳根聽聲不斷絕
鼻根恒齅於香境　舌根鎮嘗於美味
身根受於輕耎觸　意根了法不知猒
此等六根隨事起　各於自境生分別
識如幻化非真實　依止根處妄貪求
如人奔走空聚中　六識依根亦如是
心遍馳求隨處轉　託根緣境了諸事

隨緣遍行扵六根　如鳥飛空无障礙
籍此諸根作依處　方能了別扵外境
此身无知无作者　體不堅固託緣成
皆從虛妄分別生　譬如機關由業轉
地水火風共成身　隨彼因緣招異果
同在一處相違害　如四毒蛇居一篋
此四大蛇性各異　雖居一處有昇沉
或上或下遍扵身　斯等終歸扵滅法
扵此四種毒蛇中　地水二蛇多沉下
風火二蛇性輕舉　由此乖違眾病生
心識依止扵此身　造作種種善惡業
當往人天三惡趣　隨其業力受身形
遭諸疾病身死後　大小便利盈流

[illegible]　隨[illegible]
遣諸疾病身死後　大小便利盈流
膿爛蟲蛆不可樂　棄在屍林如朽木
汝等當觀法如是　云何執我有衆生
一切諸法盡无常　悉從无明緣力起
彼諸大種咸虛妄　本非實有體无生
故說大種性皆空　知此浮虛非實有
無明自性本是無　藉衆緣力和合有
於一切時失正慧　故我說彼无明為
行識為緣有名色　六處及觸受隨生
愛取有緣生老死　憂悲苦惱恒隨逐
衆苦惡業常纏迫　生死輪迴無息時
本來非有體是空　由不如理生分別
我斷一切諸煩惱　常以正知現前行
[illegible]蘊[illegible]皆空　求證菩提真實處

手闢甘露大城門　示現甘露微妙器
既得甘露真實味　常以甘露施群生
我擊最勝大法鼓　我吹最勝大法螺
我然最勝大明燈　我降最勝大法雨
降伏煩惱諸怨結　建立無上大法幢
於生死海濟群迷　我當閉絕三惡趣
煩惱熾火燒衆生　無有救護無依止
清涼甘露充足彼　身心熱惱並皆除
由是我於無量劫　恭敬供養諸如來
堅持禁戒趣菩提　求證法身安樂處
施他眼耳及手足　妻子僮僕心無悋
財寶七珍莊嚴具　隨來求者咸供給
忍等諸度皆遍修　十地圓滿成正覺
故我得稱一切智　無有衆生度量者
假使三千大千界　盡此土地生長物

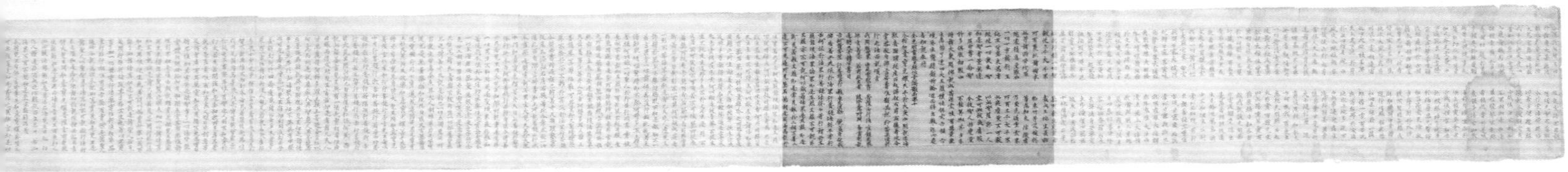

假使三千大千界　盡此土地生長物
所有叢林諸樹木　稻麻竹葦及枝條
此等諸物皆伐取　普悉細末作微塵
隨處積集量難知　乃至充滿虛空界
一切十方諸剎土　所有三千大千界
地土皆悉末為塵　此微塵量不可數
假使一切眾生智　以此智慧與一人
如是智者量無邊　容可知彼微塵數
牟尼世尊一念智　令彼智人共度量
於多俱胝劫數中　不能算知其少分
時諸大眾聞佛說此甚深空性有無量眾
生悉能了達四大五蘊體性俱空六根六
境妄生繫縛顛倒輪迴正修出離深心慶
喜如說奉持

金光明最勝王經依空滿願品第十

尒時如意寶光耀天女於大衆中聞說深法
歡喜踊躍從座而起偏袒右肩右膝著地合
掌恭敬白佛言世尊唯願為說於甚深理修
行之法而說頌言

我問照世界　兩足最勝尊　菩薩正行法　唯願慈聽
佛言善天女　若有疑惑者　隨汝意所問　吾當分別說

是時天女請世尊曰

云何諸菩薩　行菩提正行　離生死涅槃　饒益自他故

佛告善女天依於法界行菩提法修平等行
云何依於法界行菩提法修平等行謂於五
蘊能現法界法界即是五蘊五蘊不可說非
五蘊亦不可說何以故若法界是五蘊即是
斷見若離五蘊即是常見離於二相不著二
邊不可見過所見無名無相是則名為說於

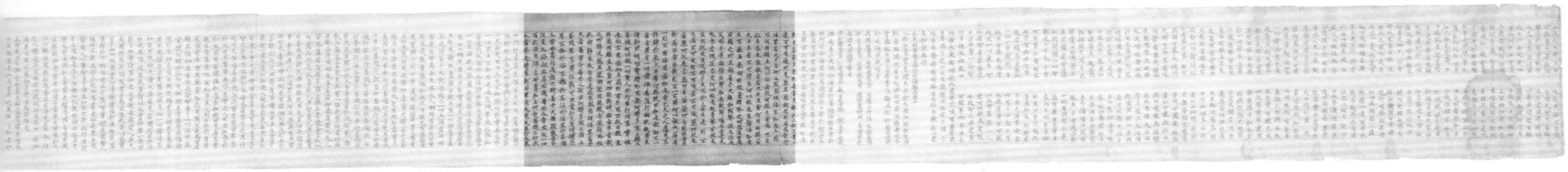

斷見若離五蘊即是常見離於二相不著二
邊不可見過所見無名無相是則名為說於
法界善天女云何五蘊能現法界如是五蘊
不從因緣生何以故若從因緣生者為已生
故生為未生故生若已生生者何用因緣若
未生生者不可得生何以故未生諸法即是
非有無名無相非校量譬喻之所能及非是
因緣之所生故善女天譬如鼓聲依木依皮
及桴手等故得出聲如是鼓聲過去亦空未
來亦空現在亦空何以故是鼓音聲不從木
生不從皮生及桴手生不於三世生是則不
生若不可生則不可滅若不可滅無所從來
若無所從來亦無所去若無所去則非常非
斷若非常非斷則不一不異何以故此若是
一則不異法界若如是者凡夫之人應見真

說得無上安樂正勝因不如是故知不一
若言異者一切諸佛菩薩行相既執著未
得解脫煩惱繫縛即不證阿耨多羅三藐三
菩提何以故一切聖人於行非行同真實性
是故不異故知五蘊非有非無不從因緣生
非無因緣生是聖所知非餘境故亦非言說
之所能及無名無相無因無緣亦無譬喻始
終寂靜本來自空是故五蘊能現法界善女
天若善男子善女人欲求阿耨多羅三藐三
菩提異真異俗難可思量於凡聖境體非一
異不捨於俗不離於真依於法界行菩提
爾時世尊作是語已時善女天踊躍歡喜即
從座起偏袒右肩右膝著地合掌恭敬一心
頂禮而白佛言世尊如上所說菩提正行我
今當學是時索訶世界主大梵天王

從座起偏袒右肩右膝著地合掌恭敬一心
頂礼而白佛言世尊如上所說菩提正行我
今當學是時索訶世界主大梵天王於大衆
中問如意寶光耀善女天白此菩提行難可
修行汝今云何於菩提行而得自在尒時善
女天答梵王曰大梵王如佛所說實是甚深
一切異生不解其義是聖境界微妙難知
若使我今依於此法得安樂住是實語者願今
一切五濁惡世無量無數無邊衆生皆得金
色卅二相非男非女坐寶蓮花受無量樂雨
天妙花諸天音樂不鼓自鳴一切供養皆悉
具足時善女天說是語已一切五濁惡世所
有衆生皆悉金色具大人相非男非女坐寶
蓮花受無量樂猶如他化自在天宮無諸惡
道寶樹行列七寶蓮花遍滿世界又雨七寶

[illegible]如意寶光耀善女天即
轉女身作梵天身時大梵王問如意寶光
菩薩言仁者如何行菩提行答言梵王若水
中月行菩提行我亦行菩提行若夢中行菩
提行我亦行菩提行若陽燄行菩提我亦
行菩提行若谷響行菩提行我亦行菩提行
時大梵王聞此說已白菩薩言仁依何義而
說此語答言梵王無有一法是實相者但由
因緣而得成故梵王言若如是者諸凡夫人
皆悉應得阿耨多羅三藐三菩提答言仁以
何意而作是說愚癡人異智慧人異菩提異
非菩提異解脫異非解脫異梵王如是諸法
平等無異於此法界真如不異無有中間
而可執著無增無減梵王譬如幻師及幻弟子

[illegible]
而可執著無增無減梵王譬如幻師及幻弟子
善解幻術於四衢道取諸沙土草木葉等
聚在一處作諸幻術使人覩見為衆馬衆車兵
等衆七寶之聚種種倉庫若有衆生愚癡无
智不能思惟不知幻本若見若聞作是思惟
我所見聞為馬等衆此是實有餘皆虛妄
於後更不審察思惟有智之人則不如是了於
幻本若見若聞作如是念如我所見為馬等
衆非是真實唯有幻事惑人眼目妄謂為等
及諸倉庫有名無實如我見聞不執為實後
時思惟知其虛妄是故智者了一切法皆無
實體但隨世俗如見如聞表宣其事思惟諦
理則不如是復由假說顯實義故梵王愚癡
異生未得出世聖慧之眼未知一切諸法真

如不可說故是諸凡愚若見若聞行非行法
如是思惟便生執著謂以為實於第一義不
能了知諸法真如是不可說是諸聖人若見
若聞行非行法隨其力能不生執著以為實
有了知一切無實行法無實非行法但妄思
量行非行相唯有名字無有實體是諸聖人
隨世俗說為欲令他知真實義如是梵王是
諸聖人以聖智見了法真如不可說故行法行
非亦復如是念令他證知故說種種世俗名言
時大梵王問如意寶光耀菩薩言有幾眾
生能解如是甚深正法菩言梵王有眾幻人
心心數法能解如是甚深正法梵王曰此幻
化人體是非有此之心數從何而生菩曰若知
法界不有不無如是眾生能解深義

化人體是非有此之心要從不生若曰若爲
法界不有不無如是衆生能解深義
尒時梵王白佛言世尊是如意寶光耀菩薩不
可思議通達如是甚深之義佛言如是如
是梵王如汝所言此如意寶光耀已教汝等
發心修學無生法忍時大梵天王與諸梵
衆從座而起偏袒右肩合掌恭敬頂禮如意
寶光耀菩薩足作如是言希有希有我等
今日幸遇大士得聞正法
尒時世尊告梵王言是如意寶光耀於未來
世當得作佛號寶燄吉祥藏如來應正遍
知明行圓滿善逝世間解無上士調御丈夫天
人師佛世尊說是品時有三千億菩薩於阿
耨多羅三藐三菩提得不退轉八千億天子
無量無友因王發一萬難后得法身

尒時會中有五十億苾芻行菩薩行欲退菩
提心聞如意寶光耀菩薩說是法時皆得堅
固不可思議滿足上願更復發起菩提之心
各自脫衣供養菩薩重發無上勝進之心作
如是願願令我等功德善根悉皆不退迴向
阿耨多羅三藐三菩提梵王是諸苾芻依此
功德如說修行過九十大劫當得解悟出離
生死尒時世尊即為授記汝諸苾芻過卅阿
僧祇劫當得作佛劫名難勝光王國名無垢
光同時皆得阿耨多羅三藐三菩提皆同一
號名願莊嚴聞飾王十號具足梵王是金光
明微妙經典若正聞持有大威力假使有人
於百千大劫行六波羅蜜無有方便若有善
男子善女人書寫如是金光明經半月半月

BD00822　金光明最勝王經卷五

男子善女人書寫如是金光明經半月半月
專心讀誦是功德聚於前功德百分不及一
乃至筭數譬喻所不能及梵王是故我今令
汝修學憶念受持為他廣說何以故我於往
昔行菩薩道時猶如勇士入於戰陣不惜身
命流通如是微妙經王受持讀誦為他解說
梵王譬如輪聖王若王在世七寶不滅 王若
命終所有七寶自然滅盡梵王是金光 明
微妙經王若現在世無上法寶悉皆不滅若
無是經隨處隱沒是故應當於此經王專心
聽聞受持讀誦為他解說勸令書寫行精進
波羅蜜不惜身命不憚疲勞功德中勝我諸
弟子應當如是精勤修學
尒時大梵天王與無量梵衆帝釋四王及諸

尊又俱從座起偏袒右肩右膝著地合掌恭
敬而白佛言世尊我等皆願守護流通是金
光明微妙經典及說法師若有諸難我當除
遣令具眾善色力充足辯才無礙身意泰然
時會聽者皆受安樂所在國土若有飢饉怨
賊非人為惱害者我等天眾皆為擁護使其
人民安隱豐樂無諸枉橫皆是我等天眾
之力若有供養是經典者我等亦當恭敬供
養如佛不異
尒時佛告大梵天王及諸梵眾乃至四王諸
藥叉等善哉善哉汝等得聞甚深妙法復能
於此微妙經王發心擁護及持經者當獲無
邊殊勝之福速成無上正等菩提 時梵王等
聞佛語已歡喜頂受

聞佛語已歡喜頂受
金光明最勝王經四天王觀察人天品弟十一
尒時多聞天王持國天王增長天王廣目天
王俱從座起偏袒右肩右膝著地合掌向佛
礼佛足已白言世尊是金光明最勝王經一
切諸佛常念觀察一切菩薩之所恭敬一切
天龍常所供養及諸天衆常生歡喜一切護
世稱揚讚歎聲聞獨覺皆共受持悉能明照
諸天宮殿能與一切衆生殊勝安樂止息地
獄餓鬼傍生諸趣苦惱一切怖畏悉能除殄
所有怨敵尋即退散飢饉惡時能令豐稔疾
疫病苦皆令蠲愈一切灾變百千苦惱咸悉
消滅世尊是金光明最勝王經能爲如是安
隱利樂饒益我等唯願世尊於大衆中廣爲

當說我等四王并諸眷屬願此甘露無上法
味氣力充實增益威光精進勇猛神通倍勝
世尊我等四王修行正法常說正法以法化世
我等令彼天龍藥叉健闥婆阿蘇羅揭路荼
俱槃荼緊那羅莫呼羅伽及諸人王常以
正法而化於世遮去諸惡所有鬼神吸人精
氣無慈悲者悉令遠去世尊我等四王與二
十八部藥叉大將并與無量百千藥叉以淨
天眼過於世人觀察擁護此贍部洲世尊以
此因緣我等諸王名護世者又復於此洲中
若有國王被他怨賊常來侵擾及多飢饉疾
疫流行無量百千災厄之事世尊我等四王
於此金光明最勝王經恭敬供養若有苾芻
法師受持讀誦我等四王共往覺悟勸請其

法師受持讀誦我等四王共往覺悟勸請其
人時彼法師由我神通覺悟力故往彼国界
廣宣流布是金光明微妙經典經力故令
彼無量百千衰惱灾厄之事悉皆除遣世尊
若諸人王於其國內有持是經苾芻法師至彼
国時當知此經亦至其國世尊時彼國王應
往法師處聽其所說聞已歡喜於彼法師
恭敬供養深心擁護令無憂惱演說此經利
益一切世尊以是緣故我等四王皆共一心護
是人王及国人民令離灾患常得安隱世尊
若有苾芻苾芻尼鄔波索迦鄔波斯迦持
是經者時彼人王隨其所須供給供養令無
乏少我等四王令彼国主及以国人悉皆安
隱遠離灾患世尊若有受持讀誦是經典

者人王於此供養恭敬尊重讚歎稱善皆令
彼王於諸王中恭敬尊重最為第一諸餘國王
共所稱歎大衆聞已歡喜受持

金光明最勝王經卷第五

BD00822　金光明最勝王經卷五

金光明最勝王經卷第五

圖書在版編目（CIP）數據

中國國家圖書館藏敦煌文獻．第五四册 / 中國國家圖書館編．—北京：國家圖書館出版社，2024.12

ISBN 978-7-5013-7976-7

Ⅰ．①中…　Ⅱ．①中…　Ⅲ．①敦煌學－文獻　Ⅳ．① K870.6

中國國家版本館 CIP 數據核字（2024）第 036573 號

書　　名	中國國家圖書館藏敦煌文獻·第五四册
著　　者	中國國家圖書館　編
項目統籌	魏　崇　殷夢霞
責任編輯	苗文葉　潘　竹　程魯潔　黄　鑫
責任校對	王　哲　蔣昕童
出版發行	國家圖書館出版社（北京市西城區文津街 7 號　100034） （原書目文獻出版社　北京圖書館出版社） 010-66114536　63802249　nlcpress@nlc.cn（郵購）
網　　址	http://www. nlcpress. com
排版印裝	天津裕同印刷有限公司
版次印次	2024 年 12 月第 1 版　2024 年 12 月第 1 次印刷
開　　本	787 × 1092　1/8
印　　張	40.5
書　　號	ISBN 978-7-5013-7976-7
定　　價	2800.00 圓